公共图书馆全民阅读与发展研究

温炯　刘佳　著

中国商务出版社
·北京·

图书在版编目（CIP）数据

公共图书馆全民阅读与发展研究 / 温炯，刘佳著.
北京：中国商务出版社，2024. -- ISBN 978-7-5103
-5388-8

Ⅰ. G252.17

中国国家版本馆 CIP 数据核字第 2024B8C055 号

公共图书馆全民阅读与发展研究

GONGGONG TUSHUGUAN QUANMIN YUEDU YU FAZHAN YANJIU

温炯　刘佳　著

出版发行：中国商务出版社有限公司

地　　址：北京市东城区安定门外大街东后巷28号　　邮编：100710

网　　址：http://www.cctpress.com

联系电话：010-64515150（发行部）　　010-64212247（总编室）
　　　　　010-64269744（事业部）　　010-64248236（印制部）

责任编辑：李　阳

排　　版：廊坊市展博印刷设计有限公司

印　　刷：北京建宏印刷有限公司

开　　本：787毫米×1092毫米　1/16

印　　张：11.75　　　　　　　　字　　数：205千字

版　　次：2024年9月第1版　　　　印　　次：2024年9月第1次印刷

书　　号：ISBN 978-7-5103-5388-8

定　　价：78.00元

前　言

　　公共图书馆通过各种集体资源和图书馆员的专业技能，满足社会对知识、信息和相关文化活动日益增长的需求。公共图书馆投入的资源应反映其满足读者和用户需求的能力和有效性。本书是关于公共图书馆方面的著作，主要研究公共图书馆阅读推广与服务体系，从阅读推广概念入手，阐释公共图书馆阅读推广的必要性、作用、要求与服务；简单介绍公共图书馆阅读推广的形式，包括公益讲座与论坛、公益展览、读者培训、推荐书目、推广活动等；同时对儿童、青少年、老年人、残障人士等不同群体的推广对策做出分析；深入研究现代信息下的智慧阅读推广、微信平台阅读推广等新模式；重点探讨公共图书馆的服务体系以及公共图书馆服务体系创新；最后展望未来的公共图书馆发展方向。本书旨在对公共图书馆的现代化发展提出一些意见，丰富公共图书馆服务内容，帮助广大读者提高阅读质量。

　　本书围绕公共图书馆的阅读工作为核心，在写作过程中，笔者查阅了大量的文献资料，在此对相关文献资料的作者给予真诚的感谢。随着大众对公共图书馆利用率的不断提升，阅读推广工作的积极开展，公共图书馆的服务也在日益完善。由于编写时间和精力有限，书中内容难免会存在不足，为此，敬请广大读者和各位同行能够积极予以批评指正。

　　本书由温炯、刘佳负责编写，孙卫平、陈娟、白乙拉对整理本书稿亦有贡献。

笔者
2024 年 5 月

目　录

第一章　公共图书馆概述

第一节　公共图书馆的发展和特征

一、公共图书馆的发展

公共图书馆是与大众关系最为密切的一种图书馆类型。公共图书馆是由政府投资兴办或由社会力量支持兴办的、向社会公众开放的图书馆类型，是知识资源收集、存储、加工、研究、传播和服务的公共文化空间和社会教育设施。公共图书馆具有公益性、均等性和普惠性特点。公共图书馆又被称为知识的宝库、公共文化空间、第三空间、第二起居室、没有围墙的学校、文化信息的中心，等等。

公共图书馆是社会发展到一定阶段的产物，是社会民主、公民权利和社会平等现代人文意识成熟的结果。

公共图书馆在我国诞生后，随着社会的发展也逐渐出现了迅速发展的局面。我国在明确建设覆盖全社会的比较完备的公共文化服务体系，提出构建现代公共文化服务体系后，公共图书馆进入了前所未有的发展机遇期。

二、公共图书馆的特征

（一）公共性、公益性

公共图书馆是一种社会制度的安排，这一制度规定由政府从公共税收中支付经费，图书馆则免费为当地居民服务每个人都具有平等获取人类知识和信息的权利，而维护公共图书馆的公共供给是保障人人平等获取知识和信息的重要途径。从理论上说，公共图书馆的公共性、公益性决定了它应该向社会成员免费开放和提供服务，目前，世界各国的公共图书馆几乎可同时提供免费服务和收费服务。免费的称为基本服务或核心服务，收费的称为非基本服务或增值服务。

（二）平等包容

平等包容的公共图书馆服务包括两方面的含义：每个图书馆向其用户提供平等包容、无差别的服务；整个公共图书馆服务体系向全体社会成员提供普遍均等的图书馆服务。

公共图书馆向所有社会成员开放，公共图书馆普通公共服务空间（需要特殊保护的除外）要在承诺的开放时间内向一切个人开放，不设任何限制，也不管个人的阶层、种族、宗教信仰、经济能力、性别、年龄等如何。

（三）专业化

第一，运用图书馆学的理论、技术和方法，保障读者对所需知识和信息进行有效查询和获取；第二，聘用专业馆员开展智力型业务；第三，公共图书馆智力型业务工作需要专业知识的支撑；第四，依托整个图书馆职业和行业组织的支持，维持并不断提高自身的业务水平。这要求我们加强与其他图书馆的联系，并与行业组织建立联系，其中与行业组织的联系尤其重要，这些组织可以将不同类型的图书馆凝聚为一个整体，同时可以在提供交流平台、制定行业标准、支持人员培训、监督评估服务质量、制定和执行职业道德规范方面获得支持。

第二节　公共图书馆的职能和种类

一、公共图书馆的职能

（一）文献信息保存及传承职能

文献信息保存及传承人类文化遗产是公共图书馆最传统的职能，是图书馆产生之初就具备的功能。

（二）社会教育职能

社会教育职能对公共图书馆来说，显得尤为重要。我们常说，图书馆是没有围墙的社会大学、公共图书馆是大众的终身学校，都充分体现了它的教育职能。

（三）文献信息传递职能

图书馆具有中介性，这个性质决定了传递文献信息是公共图书馆的一个重要职能。这一职能一般通过流通、阅览和参考咨询等服务部门来实现。

（四）促进阅读职能

保障民众的阅读权利，促进阅读兴趣的培养和提高，是现代图书馆不可推卸的责任之一。各级公共图书馆通过形式各异的阅读推广活动来实现促进阅读的目标。

二、我国公共图书馆的种类

在我国，公共图书馆基本是按行政区域建立起来的，受当地政府各级文化部门领导，均建在各级政府所在地。

我国的公共图书馆包含以下几个层次种类的图书馆：国家图书馆、省（直辖市、自治区）图书馆、县（县级市、市辖区）图书馆、乡镇（街道）图书馆、社区（村）图书馆及各级少年儿童图书馆。

三、公共图书馆的用户（读者）

（一）定义

凡是利用了公共图书馆所提供的资源、环境以及服务的个人或团体，都可以称为公共图书馆用户（读者）。

（二）用户权利及其保障

1.用户权利

一般地说，公共图书馆用户权利包括以下几方面：

（1）文化权利

文化权利是公民的基本权利之一，是指公民在社会文化生活中应当享有的不容侵犯的自由和利益。由于公共图书馆是公共文化设施，因此文化权利是公共图书馆用户应当享有的最基本的权利。包括：参与文化生活的权利、分享文化成果的权利、参与文化活动及文化事务管理的权利、文化创造自由权和文化成果得到保障的权利。

（2）平等地享受公共图书馆服务的权利

每一个人都有平等享受公共图书馆服务的权利，不受年龄、种族、性别、宗教信仰、国籍、语言或社会地位的限制。确保公共图书馆用户能够平等地享有图书馆服务，是公共图书馆开展用户服务过程中必须遵循的原则。

（3）自由获取信息的权利

公共图书馆在开展服务的过程中应充分尊重用户自由获取信息的权利，应当向用户公开各类文献信息资源收藏情况和布局、服务种类、服务时间，以及与服务相关的各类规章制度等信息，有义务解答用户询问，辅助用户更好地利用图书馆资源和服务。

（4）用户隐私得到保护的权利

公共图书馆在开展服务的过程中，不可避免地会收集和掌握用户的部分私人信息，如用户的姓名、地址、单位、身份证号码、联系方式、阅读习惯等，图书馆有义务对这些信息尊重和保密，确保用户个人信息不向外泄露，也不利用这些信息侵扰用户的生活。

2.用户权利保障

（1）法律保障

要保障用户的权利，公共图书馆开展各项工作时必须要遵循相关法律，如涉及图书馆馆藏建设中地方文献呈缴本的相关法律法规、涉及数字资源建设的著作权方面的法律法规，涉及网络传播方面的法律法规，等等。这些法律法规是公共图书馆开展各项工作必须遵守的基本原则，也是对用户享有图书馆各项服务的根本保障。

（2）服务理念

要保障用户的权利，公共图书馆开展各项服务工作必须要有先进的服务理念作支撑和导向。关于具体的服务理念，我们在公共图书馆服务中专门讲解。

（3）行业规范

公共图书馆也有自己的行业行为规范和业务工作准则，并以此作为筹划资源建设、规范用户服务、提升管理科学性、提高服务质量的制度化措施，来规范公共图书馆的行为，保障用户权利。

（4）技术措施

目前，在公共图书馆的各项业务工作中，数字资源的发现与获取、数字版权保护、远程访问控制、读者信息管理等多个方面，都有成熟的技术解决方案，为用户权利保护提供了自动化系统的保障。

（5）社会教育

由于公共图书馆是一个面向全社会开放的文化机构，公共图书馆的建设是一个需要全社会共同参与的工作，所以，社会教育是保障图书馆用户权利的一项重要工作。对内，要加强馆员的法律意识，强化职业道德和业务规范的教育；对外，在用户层面，我们要进行公共图书馆服务相关法律政策和业务规范的宣讲，将有助于图书馆用户树立正确的法理意识，了解保护自身权利的正确方法和途径。在社会层面，进行广泛宣传，将有助于相关政府部门和全体公众正确认识和把握公共图书馆的特点和服务属性，有效监督公共图书馆的工作，对公共图书馆事业的发展给予更全面的理解和支持。

3.用户培训

公共图书馆有计划、有目标、有步骤地开展用户培训工作，既是公众的文化需求，也是公共图书馆必须履行的职责，更是图书馆提高资源利用率、拓展服务的有效方法。以下是培训的内容：

（1）图书馆基础知识

这是最为基础、最为重要的培训，可以帮助用户了解图书馆基本概况、馆藏资源特点及布局、文献分类常识和查找方法、各类服务介绍等知识，为用户更好地利用图书馆奠定良好的基础。

（2）图书馆资源与服务推介

介绍图书馆最新的资源和服务，使用户能从众多类型的资源和服务中迅速锁定自己所需要的。

（3）文献信息检索技能培训

这是提升用户信息素养的一种比较综合的培训，它教会用户在合理的时间内从种类繁杂、数量庞大的各类资源中获取有用信息，旨在帮助用户更为全面地掌握信息加工和处理的方法，更好地驾驭信息工具。

培训的主要方式：用户到馆培训，一是在专门的教室培训。目前很多图书馆都有系统的用户培训计划，在固定的时间和地点进行。二是与图书馆日常工作相结合对用户进行辅导。这是图书馆参考咨询工作的重要方式。用户在使用图书馆的过程中，可以随时得到馆员的指导和帮助，解决遇到的问题。这种培训贯穿于图书馆服务工作的始终，它可以强化用户的服务感受，提升用户满意度。用户所在机构的现场培训，针对某一机构的用户进行培训，可根据他们的特点和需求设计课程，易形成培训讲师与用户的互动。远程培训，通过各种媒体和网络进行培训。大多数图书馆采用集中面授与借助网络进行远程教育相结合的方式开展用户培训。远程培训主要有两种方式：一是开设专门的网络培训平台或者是培训栏目网页。图书馆制作专门的培训录像、交互式培训课件或培训讲义，上传到网上进行传播，有的图书馆通过虚拟参考咨询系统向用户提供远程辅导、远程培训，其具有成本低、服务范围广、便于维护等特点。二是利用广播电视网络进行培训。广播电视网络是用户培训的新平台。目前国家图书馆等先进图书馆已经建设数字电视频道，通过有线电视网络播放培训教育节目，既经济又便捷。

第三节　公共图书馆的服务

一、公共图书馆的服务内容

（一）公共图书馆的服务划分

1.从服务功能上划分

可分为基本服务和辅助服务。服务功能基本服务是保障和满足公众的基本文化需求的服务，包括为读者免费提供多语种、多种载体的文献的借阅服务和一般性的咨询服务，组织各类读者活动以及其他公益性服务。

在服务对象方面，除了面向普通成人开展服务，还应重少年儿童、残障人士、老年人、进城务工者、农村和偏远地区公众等特殊群体的服务。

2.从服务内容上划分

公共图书馆的服务内容可分为传统文献服务和现代信息服务。传统文献服务主要包括以纸质图书与期刊为主要载体的服务：借阅服务、新书通报、导读服务等。现代信息服务是在计算机与通信相结合的新技术环境下特别是在网络环境下开展的服务，它将传统的卡片目录检索发展为联机书目查询和OPAC服务，将传统参考咨询发展为虚拟信息咨询等。

3.从服务形式上划分

公共图书馆的服务形式可分为基础服务和高级服务。基础服务是图书馆所有服务中的基础部分，主要有流通服务、阅览服务、导读服务、复制服务、一般检索服务、一般咨询服务、信息素养培训等。而高级服务是在基础服务之上形成的知识化和专业化服务，例如，高级咨询服务、定题服务、翻译服务、查新服务、学科馆员服务、机构知识库服务等。

4.从服务空间上划分

公共图书馆的服务空间可分为物理空间服务和虚拟空间服务。前者以图书馆建筑为标志，分馆内服务和馆外服务；后者主要表现为计算机网络服务、手机服务、广播电视服务等。

（二）文献借阅服务

公共图书馆的文献借阅包括文献外借和阅览两方面的服务。

1.文献外借服务

文献外借是各级公共图书馆的传统服务之一。从最初的手工借还到如今的自助借还，服务手段、服务内容和服务形式不断丰富，对从业人员的专业素质要求也越来越高。

（1）文献外借的形式

文献外借的形式主要有个人外借、集体外借、馆际互借、预约借书、邮寄外借、流动外借等形式。

馆际互借：是指图书馆之间根据协定相互利用对方馆藏以满足本馆读者需求的外借形式。它的主要作用是各馆之间可互通有无，弥补本馆馆藏的不足，多途径地满足读者需求。

邮寄外借：根据残疾人保障法规定，盲人读物邮件可免费邮寄，所以可通过邮局为视障读者邮寄图书。例如，上海图书馆常年开展为视障读者提供免费邮寄外借服务。

（2）文献外借的内容

文献外借的内容主要包括办理借书证、文献外借、文献续借、文献催还及相关工作。

2.文献阅览服务

文献阅览服务是公共图书馆为读者提供的基础服务之一，是指图书馆为其读者提供图书报刊或数字资源阅览服务。可分为馆内阅览和馆外阅览。馆外阅览需要图书馆提供较多的复本，同时流通周期也影响到图书文献的使用。馆内阅览服务在某种程度上缓解了馆外阅览带来的问题。馆内阅览除了给读者提供阅览书刊的服务外，还能够起到保护珍贵文献、特有文献的作用。馆内阅览服务一般设有书刊阅览室、多媒体阅览室、特色馆藏阅览室等。

3.借阅服务发展的保障

（1）加强基础设施建设

基础设施是馆内借阅服务得以顺利开展的保障。基础设施的建设，一是要加强基本硬件的投入，保障读者的阅读空间。如设置休闲空间、学习空间，增强读者的阅读体验。二是加强可便利读者的设施建设，如阅览桌椅、饮水机、打印机、存包柜等的配置）三是加大网络建设投入，如增加有线终端的提供和无线网络的建设。

（2）拓展传统服务

除了传统的借阅外，公共图书馆为了满足读者阅读需求，还应拓展其功能性的服务，为读者提供检索、导读等服务。为了方便读者检索，图书馆一般在馆内配置读者检索专用电脑，便于读者利用OPAC查找馆藏资源，同时应在馆内设置导读岗，辅助读者阅读文献。导读是指导读者阅读的工作，包括读者阅读理念、方法、技术教育和相关教育等。图书馆应在馆内设置导读岗，明确专人承担导读服务，辅助读者阅读文献。为吸引读者可编制宣传册和读者指南等材料进行辅导。

（3）重视新技术应用

充分利用现代信息技术为读者提供自助服务是近年来公共图书馆服务发展的特点之一。相当一部分图书馆引入了RFID技术，实现了自助办证、自助借还等化智能化服务，部分引入了24小时无人值守的自助图书馆，极大地满足了读者的阅读需求。

（三）参考咨询服务

公共图书馆的参考咨询强调为所有人服务，服务职能是为信息咨询对象直接以其需要的方式提供信息、知识或解决方案。除此之外，还要教育用户，多方位地满足用户需求。

1.公共图书馆咨询服务的类型

（1）普通咨询服务

普通咨询服务包括向导性咨询和辅导性咨询。针对读者提出的馆藏方位和服务区域方位等咨询问题给予向导性解答，并对读者的一般需求进行辅导，帮其更全面地掌握利用图书馆的方法。

（2）政府决策咨询服务

政府设立的公共图书馆应当根据自身条件，为国家机关制定法律、法规、政策和开展有关问题研究，提供文献信息和相关咨询服务；为地方政府提供决策服务主要包括立法决策服务、政治决策服务、经济决策服务等。

（3）面向科研机构与企业的咨询服务

科研机构和企业有着明显的不同，公共图书馆面向二者的咨询服务项目、服务提供方式和资源提供种类等方面存在着差异。

科研机构的咨询需求产生于学科研究、技术活动及知识创新等科研工作中，公共图书馆必须针对他们的特定需求，并充分考虑学术工作者的信息素养层次，提供依托海量文献资源的、科技含量高的、有利于科研创新的高效咨询服务。面向科研机构的一般咨询主要包括事实知识咨询、专题咨询、相关信息检索、文献跟踪服务和综述撰写等五类。

参考咨询的文献提供，公共图书馆的文献提供依赖于丰富的馆藏资源，可以体现为文献传递、参考咨询、馆际互借、文献传递、信息传播等服务形式。作为参考咨询的文献提供是以咨询服务为根本目的，通过文献检索、查询、传递服务来满足用户的咨询需求，用户在此过程中通常需要负担费用。

文献提供的资料类型应包括各种载体、各种类型和语种的文献资料。如纸质材料、光盘、图书、期刊、论文等。

文献提供的发送途径可采用普通邮寄、快递以及依托网络、通信设备的各种传递方式，如网络文献传递系统、传真、电话、E-mail等。

2.图书馆咨询服务的形式

传统咨询：电话咨询、到馆咨询；网络咨询：信息推送、虚拟参考咨询。虚拟参考咨询是指基于互联网的参考咨询，以网络技术作为依托，可利用的参考信息除了纸质文献外更多的是数字文献。虚拟参考咨询具有及时交互性、开放广泛性、公益指导性、服务手段网络化、服务方式个性化、服务资源共享化等特征。

3.图书馆咨询工作的流程

受理咨询：口头、书面、电话、信函、网络等分析研究：制订检索方案。

文献（信息）检索：查找文献（信息）。

答复咨询：提供答案、介绍参考工具书；提供专题书目、二次文献及文献线索；直接提供原始文献；提供网址。建立咨询档案：记录读者信息、咨询内容手段、解答方式，读者反馈意见等。

（四） 流动服务

流动服务是为远离图书馆和不便来馆的读者及潜在读者提供文献服务的一种服务方式，也称为移动图书馆或流动图书馆，是图书馆开展延伸服务的有效方式。流动服务包括汽车图书馆、流动服务站等多种形式，较为常见的是流动服务车，也称为汽车图书馆。

（五） 政府信息公开服务

政府信息是指行政机关在履行职责过程中制作或者获取的，以一定形式记录、保存的信息。各级人民政府应当在国家档案馆、公共图书馆设置政府信息查阅场所，并配置相应的设施设备，为公民、法人或者其他组织获取政府信息提供便利公共图书馆开展政府信息公开服务，首先要设立政府信息查阅中心，在此基础上开展政府信息网络服务，并不断深化服务内容，提供个性化政府信息服务，拓展服务途径。与此同时，政府信息公开服务要以政府信息的可公开性为主导方向，与政府有关部门和领导密切协作，全面搜集公开信息，在馆内增设布告栏、显示屏、电子查阅点等设施设备来满足读者的查阅需求，同时应定期对读者进行培训，指导其掌握解读政府信息的方法。

（六） 面向特殊群体的服务

政府设立的公共图书馆应当设置少年儿童阅览区域，根据少年儿童的特点配备相应的专业人员，开展面向少年儿童的阅读指导和社会教育活动，并为学校开展有关课外活动提供支持。有条件的地区可以单独设立少年儿童图书馆。政府设立的公共图书馆应当考虑老年人、残疾人等群体的特点，积极创造条件，提供适合其需要的文献信息、无障碍设施设备和服务等。

公共图书馆和少儿图书馆应当将少年儿童作为图书馆的重要读者对象提供主动充分的服务，根据年龄与功能分区开展服务，策划组织举办形式各异的少儿阅读推广活动。

第二章 公共图书馆与阅读推广

第一节 公共图书馆与阅读推广的关系

一、公共图书馆引领全民阅读

作为知识宝库和文化信息交流中心，公共图书馆拥有各种数字数据库和大量实践，经过精心挑选和专业处理的文件。此外，作为一个非营利文化组织，公共图书馆是实施全国阅读宣传活动的最重要的项目。它拥有丰富的图书馆资源、便利的阅读环境和专业人员。因此公共图书馆的存在具有图书馆本身以外不可替代的历史和社会使命。通过收集和推广阅读，读者可以通过长期的培养和坚持养成良好的阅读习惯，从而使阅读意识的概念深入读者的思想，提高读者自身素质。

二、公共图书馆开展全民阅读活动

公共图书馆是全面了解和进行深入系统阅读的最佳场所，甚至是唯一场所。公共图书馆可以为读者提供完整的文学资源保障体系和全面系统的文学服务。在"建设学习型社会"概念引入后，国家逐步加大了公共文化基础设施的建设，显著改善了公共图书馆的软件和硬件，提高了图书馆图书的数量和水平。

三、公共图书馆是全国推广阅读的主角

目前，我国公共图书馆的全民阅读活动已进入快速发展阶段。不同地区的公共图书馆或设立专门的机构来促进全民阅读活动，或安排专门的工作人员负责促进全民阅读活动。公共图书馆不仅通过各种活动激发人们的阅读兴趣，还让读者感受阅读的魅力，进入阅读，逐渐爱上阅读，养成良好的阅读习惯。应用差异化

的服务推广阅读为了满足社会和读者多样化的阅读需求，公共图书馆的推广受到了全社会的关注。

第二节　公共图书馆阅读推广的必要性

全民阅读是作为我国适应建设学习型社会要求而提出的一项重要举措，是国家公共文化服务体系建设的重要组成部分。阅读促进，即促进阅读，是图书馆和相关社会部门为保持读者的阅读习惯、激发他们的阅读兴趣、提高他们的阅读水平，进而促进全民阅读所做的所有工作的总称。

政府在促进全民阅读方面发挥着重要作用，但图书馆，尤其是公共图书馆，发挥着更重要的作用。阅读推广正从图书馆服务的延伸和创新走向常规，这也是公共图书馆服务创新适应社会发展的必然选择。

二十多年来，公共图书馆一直致力于与社会上的每个人分享良好的阅读习惯，使其成为读者生活中的重要内容和爱好。公共图书馆作为全民阅读活动的重要阵地，是推动全民阅读活动发展的重要力量。在国家立法的保障下，公共图书馆应抓住机遇，对读者和书籍、阅读环境及保障条件等进行研究，并与实践相结合，有效实施形式多样、内容丰富的全民阅读促进活动，为确保全国阅读服务的普遍性和平等性营造良好的社会阅读氛围，在构建全国阅读促进服务体系中发挥积极作用。

作为我国促进全民阅读努力的一部分，公共图书馆作为非营利性文化和教育机构，应结合现实，不断创新，提高服务效率，成为推动全民阅读活动全面发展的重要力量。公共图书馆应评估其服务的有效性，向每个人介绍各种活动和阅读方法，充分发挥公共图书馆的社会服务效能，寻找提高公共图书馆服务效率的具体途径和方法，并承担向社会提供知识和文化的角色，更好地在我国开展全民阅读推广活动。公共阅读离不开图书馆，公共图书馆的社会任务之一是在公共阅读的基础上注重阅读习惯的培养，也是公共图书馆界普遍的职业信仰。在某种程度上，促进全国公共图书馆的阅读对于设计和弘扬社会主义核心价值观具有重要意义，满足群众的基本文化需求，促进现代公共文化服务的标准化和一体化，增强公共文化机构的活力。事实上，全民阅读的概念与图书馆阅读推广相辅相成。一方面，国民阅读量的增加有效地促进了图书馆阅读活动的创新和发展；另一方面，图书馆阅读促进活动的创新和发展进一步丰富了全民阅读的重要性。显然，图书馆必须将自身的阅读促进措施与国家以各种方式发展阅读的趋势相结合，并充分利用自身措施的服务潜力促进阅读、促进图书馆快速发展。

第三节　公共图书馆阅读推广的作用与要求

公共图书馆具有重要职能：传播科学和文化知识、实施社会教育和保护人类文化遗产。公共图书馆是推动国家阅读项目的重要力量，也是文化实施的重要领域之一。公共图书馆作为公共文化服务的重要组成部分，在促进全民阅读方面发挥着重要作用。公共图书馆参与国家阅读活动更具实用性和创造性。不同类型的服务拓展了图书馆提供的服务范围。集成的网络知识服务平台提高了知识共享的效率。通过支持个性化阅读服务模式，物理资源与虚拟存储相互协作的服务机制，将线上、线下优势进行互补，全民阅读活动更加个性化、人性化。

针对全民阅读发展现状，实现多元化发展已成为全民阅读对图书馆阅读推广活动的基本要求，这主要体现在四个方面：不同的服务理念、不同的主题形式、不同的融资方式和不同的管理流程。

第四节　公共图书馆阅读推广的服务

一、图书馆阅读推广服务内容

（一）图书馆阅读推广服务内容

1.阅读推广服务的变革

（1）社会阅读危机的出现

目前，我国的阅读人口分布不均，城乡图书馆馆藏之间存在很大差距。人均阅读量和阅读时间显著减少。为了应对阅读危机，提高国民文化素质，发挥图书馆在传播先进文化中的作用，图书馆开始改变促进阅读的观念。根据现代人的生活方式，它增加了电子文档、数字图书馆和在线数据库的建设，并借助移动终端改善图书馆服务的范围。同时，考虑到不同群体的文献使用者的不同需求，图书馆应加强与其他图书馆和公共文化机构的文献交流，创建多元化的信息交流平台，改变观念，创新技术，创新内容，并通过阅读危机的原因，实现图书馆的适度发展。

（2）提高公众阅读意识

"全民阅读"的概念被引入以来，文化中心和其他提供公共文化服务的非营利机构开始应用差异化阅读推广服务。例如，加强图书馆馆藏和环境建设，采用3D阅读模式"图书馆"、家庭"学校"等网格辐射情况，根据不同年龄用户的不同需求和建议更新图书馆馆藏文件，通过促进多边合作，加强公众阅读习惯的培养。

同时，图书馆也应关注"互联网+"时代用户阅读的分散信息量。通过开设公众号和微博，图书馆应及时拓展各种图书馆服务，允许用户积极参与各种图书馆阅读活动，加快图书馆阅读促进服务的转型和现代化。

（3）阅读促进服务的发展趋势

从传统纸媒时代到多媒体时代，信息文件的下载方式发生了巨大变化。公众阅读逐渐从纸质阅读、文本阅读和深度阅读演变为电子阅读、图像阅读和简单阅读。为了适应社会阅读方式，图书馆开始推广阅读、促进网络、多媒体协作等工作。我们应该利用新的网络技术加强在线图书馆阅读促进服务平台的发展，解决阅读危机提高用户在互联网上的阅读率。我们定期邀请来自各个领域的专家和科学家进行在线视频讲座和互动直播。图书馆应将传统的印刷文献与网络技术相结合，动态开发智能阅读推广服务，不断满足多媒体信息时代人们多样化的需求。

2.图书馆的阅读促进活动类型

本书以大学图书馆为例，介绍了大学图书馆的阅读推广类型。在大学图书馆，有许多类型的阅读促进措施，根据不同的标准可以分为不同的类型。

（1）按照开展频率划分

根据阅读促进措施的频率，阅读促进活动可以分为定期活动、不定期活动、临时活动等。

定期活动：指大学图书馆每周或每月定期开展的活动。这类活动有固定的时间和固定的名称，对学生的阅读习惯有着持久而深远的意义。例如，每月图书债券排名可以为学生阅读书籍提供有价值的信息；每周的数字资源培训让学生学习如何获取和使用资源。此外，还有每周好书推荐、每周电影和电视评比等，定期进行。

不定期活动：指一系列旨在丰富学生阅读生活的活动。这些活动是创新的、丰富的。活动的主题与图书馆或阅读紧密契合。如语言竞赛、作文竞赛等。

临时活动：指一些没有计划而临时进行的活动，但对引导学生阅读也很重要。如名人或名校推荐书目、热门话题书展和艺术展等。

（2）按照媒介形式划分

根据阅读促进活动的媒体形式，它可以分为物质媒体活动、纸媒活动、数字媒体活动和多媒体活动。

物质媒介活动：它是一种促进阅读的媒介，使阅读更具体。

纸媒活动：传统纸媒被用作阅读促进媒介，广泛用于各大学图书馆的阅读促进活动。

数字媒体活动：如数字资源培训是数字阅读推广形式。

多媒体活动：采用多媒体技术促进阅读。

3.高校图书馆阅读推广活动的构成要素

高校图书馆阅读促进的主要要素包括：阅读促进的对象、阅读促进的内容、阅读促进实施的时间、阅读促进传播渠道以及阅读促进实施的意义。

（1）高校图书馆阅读推广活动的对象

高校图书馆阅读促进活动的服务对象主要是高校师生。为了了解阅读促进活动的需求，我们可以有针对性地开展阅读促进活动。首先，大学师生接受高等教育，自学能力强，知识水平和认可度高，是信息获取的高端人群。其次，高校师生作为研究人员需要多种专业知识体系。因此，阅读推广应该为大学教师和学生提供最新的信息，帮助读者学习快速、全面、准确地获取信息的技能。

（2）高校图书馆阅读推广活动的内容

高校图书馆阅读促进措施的内容是阅读促进的核心内容。只有实施适合高校的阅读促进措施，才能真正实现促进阅读的目标。高校图书馆阅读促进的内容主要分为以下几个部分。

图书馆馆藏推广：高校图书馆拥有大量图书馆馆藏，是读者获取信息的首选场所。高校图书馆以特别书展和专业书展的形式推广图书馆藏书。购买书籍时，他们与书商合作，开展"推荐我购买"等活动。

推广数字文学：如今，高校师生使用数字资源的比例正在增加。海量的数字资源使得读者获取和使用信息既耗时又乏味。高校图书馆合作数据库开发人员进行数字资源培训和丰富有趣的检索比赛，以提高教师和学生的检索技能。

研究工具的推广：无论是纸质资源还是数字资源，读者都希望图书馆能够指导阅读，以便大学教师和学生能够获得更新和更有价值的资源。

推广阅读理念：无论大学图书馆多么重视推广阅读并积极实施，他们都没有像读者那样重视阅读。传播阅读促进的概念，提高阅读在读者心中的重要性是非常重要的。

（3）高校图书馆阅读推广活动的实施时间

在高校图书馆阅读推广活动的时间内进行阅读是完全免费的。只有在不同时期应用不同的阅读方法，才可以获得更好的阅读效果。

（4）高校图书馆阅读推广活动的传播渠道

高校图书馆阅读促进活动的传播渠道可以扩大阅读促进的效果，让更多的读者参与进来。高校的老师和学生很快接受新事物。目前，有两种类型的传播渠道可以使用：一种是传统的传播渠道，也称为线下传播，如海报、学校广播电台、便条等；另一种是新媒体的传播渠道，也称为网络传播，如微博、微信公众号、图书馆官网、大学官网等。许多高校图书馆利用网络平台进行早期公共关系、发展过程和阅读促进措施的活动选择。在活动的早期阶段，图书馆的阅读推广信息通过微博、微信和其他新媒体平台发布。活动的获胜者是通过点赞和投票等丰富形式选出的。活动的结果展示供在线交流。网络可以快速了解读者的需求，减少图书馆与读者之间的距离。

（5）高校图书馆阅读推广活动开展的意义

鼓励阅读兴趣：阅读兴趣是所有阅读活动的先决条件。只有当学生对阅读感兴趣时，他们才能真正从阅读中受益。因此，高校图书馆应该从促进阅读兴趣入手，引导学生进入知识的海洋。

养成阅读习惯：良好的阅读习惯是一种健康的阅读方式和精神滋养。如果没有良好的阅读习惯，从长远来看，个人文化遗产不会得到改善，思维也会变得狭隘和空洞。因此，高校图书馆在实施阅读促进措施时，应注重阅读习惯的重要性。

阅读指南：大多数大学生都知道阅读的重要性，并且对书籍有着浓厚的兴趣，但面对大量的书籍，他们不知道如何选择书籍。此时，图书馆可以根据不同的主题进行分类、筛选和排序，为学生提供高质量的阅读。

形成阅读能力：阅读能力也称为信息能力。我们读的不仅仅是一本书，而是一种感知。将书中的信息转化为我们自己的阅读能力，并将其应用于未来的生活实践，是一种获取知识的能力，也是一种运用知识的能力。因此，高校图书馆在开展写作、书评和阅读沙龙等阅读促进活动时，应注重提高学生的阅读能力，使这些活动可以潜移默化地形成个人阅读能力。

（二）图书馆阅读推广工作中的问题

1.阅读推广活动重视度不够

随着信息技术的发展，电子阅读对图书馆阅读的影响越来越明显。在这种背景下，全国各地的图书馆开始重视促进图书馆阅读。然而，总体而言，促进阅读的重要性并不高。具体表现在以下三个方面：

第一，对博士活动的目标缺乏明确和具体的定义，阅读活动的组织和推广通常根据相关的国家和地区政策和指南进行定义。

第二，一些阅读促进员工在工作过程中经常会因为责任经理的意志干扰而改变博士活动的初衷，使博士活动变得正式而无效。

第三，没有完善的组织结构来促进阅读，也没有长期机制来确保活动的影响。

2.阅读推广活动与全民阅读缺乏衔接

目前，从不同地区图书馆阅读促进措施的程度来看，这些措施通常只针对一小部分人，活动的对象仅限于某一年龄组，在宣传活动的内容和参与活动的方式方面无法与所有读者取得有效联系。从儿童图书馆的外部服务对象来看，虽然有些图书馆向社会开放，但往往仅限于源自图书馆的个人或单位，而有些图书馆仅在阅读活动期间对外开放,当活动完成时,对社会开放的服务也随之结束。总体来说,图书馆的阅读促进措施与全民阅读促进缺乏有效的联系,很难在更高的社会层面上提高阅读促进措施的影响。

(三)图书馆阅读推广服务创新

阅读推广是阅读管理和服务的一部分。本质上,阅读推广是一项创新服务。进入信息时代后,信息产生和传播方式的变化导致了全民全球阅读行为的深刻变化。图书馆正逐渐被边缘化,它们作为知识门户或公共信息中心的地位正在动摇。为了应对挑战,图书馆员在图书馆服务中引入了服务营销和推广的概念,并不断探索新的服务形式。积极参与读者阅读行为的阅读促进服务是新研究的结果,旧有的促进阅读的方式已不能满足当代人的阅读需求。在这种情况下,图书馆必须继续创新阅读促进服务。

1.建立基本的组织结构

在建立基本阅读管理时,公共图书馆应加强基本组织结构的建立,并组织适当的阅读活动,促进读者的全面发展。不同地区的公共图书馆管理人员可以根据地区的发展情况设立适当的阅读促进委员会,以确保其优化并积极推动适当的阅读活动。为了图书馆的发展,阅读基础促进委员会应整合当地各行业的专家,创建一个具有一定专业素质的领先组织,专注于适当的活动,促进阅读和创新服务形式,并将整个阅读计划视为区域发展和图书馆的基本动力和物质资源。对于公共图书馆来说,成立阅读促进委员会可以有效提高读者的基本阅读质量。

2.创建基本的服务模式

阅读需求最初取决于读者年轻时的教育水平。当读者年轻时,他们接受的教育将对他们未来的阅读习惯和频率产生巨大影响。图书馆旨在提供基本的阅读建议,优化基本服务,为读者,特别是年轻读者提供积极的心理建议,帮助他们进一步优化基本阅读习惯。

图书馆工作人员应为读者提供阅读体验,引导他们参与阅读并获得乐趣,确保读者能够通过良好的阅读体验来优化和提高自身能力。图书馆的各项管理应坚持以人为本的理念,以建立优化的基本服务模式。

3.图书运动角度的创新发展

在一个环境资源丰富的社会,图书馆是图书流通的主体。地方图书馆可以按照适当的类别对书籍进行分类,并以适当的书籍移动角度放置适当的书籍。创新的服务结构和资源被用来提高公众对阅读的兴趣。"圆角"被认为是一系列吸引读者参与的活动。只有建立良好的领导才能逐渐影响其他读者,使书的运动角度更加系统化和规范化,从根本上改进阅读和服务创新方案的整体推广。

4.加强重点推广活动

要推动公共图书馆阅读和服务的关键创新，首先，我们需要提高相关管理人员的素质。图书馆管理者应该优化他们对宣传图书的重要性的理解，参与适当的图书推广活动，通过强化关键理念，促进整体服务项目行为的创新。其次，图书馆经理可以建立个人交流活动，邀请适合的图书作者，根据学校的发展和基本资本的功能进行个人交流，优化读者的阅读意识和阅读体验，有效提高读者的文化水平。

5.建立基本自助服务机构

图书馆应建立一个稳定的自助组织，根据这一职能促进阅读。图书馆管理者应该创建一个大型自助阅读组织，以更好地帮助读者阅读基本书籍，并专注于适当的体验阅读并与他们互动。此外，图书馆管理层应提供必要的财政支持，以帮助图书馆更好地介绍优秀的书籍和开展合适的活动。图书馆阅读促进项目旨在鼓励读者增加阅读量和阅读财富，对重要和有价值的图书实施社会阅读推广。此外，创建自助机构可以有效增强读者的自主意识，帮助他们更好地开展阅读活动。

6.进行最基础的阅读方式交流

图书馆应建立起来和完善的阅读机制，鼓励大家积极展示自己的阅读方式和结果，鼓励读者分组交流，鼓励读者建立互动的学习方式。此外，我们可以根据读者的经验实施适当的创新项目，并鼓励他们创建差异化的可读通信系统。图书馆管理者应充分利用读者的思想特点，创建和改进适当的沟通结构，并支持他们在沟通中提高阅读质量。在设计基本的交流活动时，只有添加适当的传播站点，使用最简单的传播系统，才能促进内容传播和读者互动。

二、促进图书馆阅读的设施

（一） 图书馆阅读促进机制的创新

机制是指生物体的结构、功能和相互依赖性。通常是指组织或工作系统各部分之间相互作用的过程和类型。该机制具有外部输入和输出以及内部信息和反馈。其主要功能是限制和约束，以确保主机系统始终在损坏和崩溃的临界范围内运行。

1.创新阅读推广制度建设

推动阅读推广法制化、制度化。

（1）政府

在政府层面，促进全民阅读的合法化已将公民的阅读权利提高到法律层面，政府在全民阅读活动中的行为已得到明确，以更好地保护公民的阅读权。同时，这表明各级政府都非常重视阅读推广的合法化。

（2）图书馆

图书馆应重视阅读方法促进阅读访求的发展，尽快改变和完善阅读方式促进体系。特别是，有必要将阅读促进纳入图书馆的规则，甚至在工作规范中加以细化。根据地方全民阅读发展的实际情况和自身资源情况，有必要制定图书馆发展规划，促进阅读并建立长期行动机制。图书室内阅读方法促进建立体系的，不仅仅是促进了图书馆阅读促进的科学化、整体化规划，同时也促进了图书馆阅读的组织和管理。

2.创立阅读推广机构

（1）明确阅读推广的工作地位与价值

图书馆应将促进阅读作为整个图书馆的主要和核心业务；定位越清晰，工作目标就越清晰，这有助于进一步转变工作思路，可持续实施阅读推广。

（2）建立独立的阅读推广部门

将设立一个独立的、常设的阅读促进部门，作为负责管理整个图书馆的阅读促进活动的部门，该部门将负责阅读促进活动相关工作的全面促进和管理、服务的作用、阅读推广的管理和协调，确保各种阅读推广活动的高效顺利开展，实现阅读推广活动正常化。

3.创新阅读推广合作机制

合作机制是一个比较宽泛的概念，图书馆要创新阅读推广机制，就要结合其他的社会力量，创新合作机制，共同推进阅读推广工作的开展。

（1）图书馆和社会组织

社会组织是一个特定的概念，特指在政府与企业之外，为社会特定领域提供社会服务的组织，具有非营利、非政府、志愿公益或互惠的特点。图书馆和社会组织具有"双向驱动"的合作意愿，很容易实现互补共赢的合作成果。社会组织通过资源支持、项目合作和其他形式参与公共图书馆服务，不仅有助于提高公共图书馆服务质量和更新促进阅读的工作机制，而且有助于：弥补政府缺乏公共文化产品的不足，突出社会组织的价值诉求。

（2）图书馆和家庭

家庭不仅是服务对象，也是服务参与者。总的来说，图书馆为家庭阅读制定了一套完整的课程，通过完善的准备工作指导家庭阅读，不仅训练孩子，也训练家长。

（3）图书馆和学校

图书馆应加强与学校的合作，共同强调家长和学生阅读的重要性，并借助图书馆丰富的资源引导家长和学生对阅读感兴趣，或与学校建立文献资源的相互流通体系，共同开展家庭阅读咨询，有效促进家庭阅读。

（4）图书馆和社区

社区图书馆作为居民身边的图书馆，离家近，阅读和借阅方便，服务灵活，应该受到居民的欢迎。然而，全国许多社区图书馆都处于建设和管理薄弱、阅读环境差、利用率低的困境。为了改变这种情况，各级公共图书馆应加强与社区的合作，并在人力资源、财力、资源和服务方面为社区图书馆提供更切实的支持和指导。

（二）高校图书馆阅读推广机制概述

1.高校图书馆阅读推广机制的含义

高校图书馆的阅读促进机制是指阅读促进服务，其目的是促进图书馆各类文献信息资源的充分高效利用，为读者创造一个良好的阅读平台，并利用一定的工作方式连接阅读促进的各个部分，以便它们能够和谐地工作。阅读促进机制可以合理调动和利用校内外各种资源，明确相关部门的工作任务，调动他们的积极性，精心策划、准备、组织和实施相关阅读活动。阅读促进机制是阅读促进制度化、规范化的重要保障，对建立和创新阅读促进活动将起到积极作用。

2.高校图书馆阅读推广机制的构成要素

（1）决策保障机制

高校图书馆建立阅读促进机制意味着通过规划和管理，统一各部门，以制定规章制度，确定经费来源，协调各组织之间的关系，充分部署内部人员，改进人才的培养和选拔，明确阅读推广的目标和任务。此外，要统筹安排、合理规划，以科学的理论和先进的理念指导全校阅读促进工作的持续发展，不断提高阅读促进服务在高校图书馆业务工作中的地位和独立性。适应时代要求和社会可持续发展，克服当前国内阅读推广过程中存在的路径依赖，勇于创新，寻找大学阅读推广的新突破和新变化。

（2）沟通互动机制

交流是促进阅读的重要组成部分。大学图书馆建立了沟通和互动机制，以了解读者的阅读需求，捕捉阅读特征和阅读心理，并从读者那里获得反馈。及时发现阅读促进措施的组织和规划中的问题和不足，调整工作时间表，提高服务质量和影响，从被动转向主动，消除信息不对称。

（3）推广阅读机制

阅读机制是大学图书馆阅读促进活动的组织、规划和实施的组成部分，包括活动内容、活动特点、活动方法、活动管理和活动标签等一系列具体行为。阅读机制的推广应实现对阅读推广活动的类型、规格和总体目标的统筹规划，以数字网络技术为支撑，以系统为保障，以读者为中心，以服务为标准，传播阅读理念，传递阅读价值，促进阅读推广的深入发展。

（4）阅读促进联合协作机制

阅读促进联合合作机制旨在整合和振兴高校的收藏、人才和技术，并共同实施阅读促进措施。扩大活动受众，让更多人参与活动，让阅读推广活动取得最佳效果。高校图书馆的阅读促进联盟目前包括校内和区域联盟，而内部联盟包括与青年团委、宣传部、学生会、学术办公室和学生协会的联盟。区域联盟是高校图书馆的联合合作组织，以区域为中心成立，促进区域图书馆的发展、信息资源的联合开发与交流以及区域高校图书馆的合作与交流。为了达到最佳效果，图书馆的阅读推广必须依靠校园联盟和区域联盟。

（5）绩效评估机制

首先，绩效评估机制的建立可以评估阅读促进法案的工作绩效，激发工作人员的积极性，提高服务质量。其次，通过测量行为指标体系，可以有效地评估和跟踪活动的效果，并根据效果指标的反馈，改进下一次活动的计划。阅读促进绩效机制的建立是高校阅读促进活动逐渐成熟和完善的重要标志。应使用科学的方法、标准和程序来收集、监测、组织、提取和整合与参与者和评估任务相关的绩效信息（绩效、绩效和实际行动），并在可能的情况下进行标准评估。

（三）新时期图书馆阅读推广机制构建

1.健全阅读推广组织机制

许多图书馆的阅读推广工作无法长期有效开展的原因是，没有一个适当的组织来指导和协调工作的各个方面。建立一个强有力的促进阅读的组织机制，将有助于各地图书馆协调地方部门促进阅读的工作，对促进阅读作出总体安排，合理利用各级各类资源，确保阅读促进措施得到专业管理和真正实施，从而提高阅读促进措施的效率，真正实现促进阅读和丰富社会阅读文化发展的目标。本地阅读推广工作应由图书馆领导。应成立以图书馆为主要机构的阅读促进委员会，以评估阅读状况、阅读特点、阅读需求等。研究所有年龄段的读者，制定符合不同年龄段读者特点的阅读促进计划，组织一系列有针对性的阅读建议，并支持不同群体建立阅读组织，如阅读协会。在阅读推广活动中丰富和充实读者，使读者不仅能从阅读推广活动受益，而且能成为阅读推广活动的积极参与者。因此，建立和完善阅读促进组织机制是新时代图书馆阅读促进工作有效开展的重要保障。

2.建立阅读推广长效机制

阅读推广是通过一系列措施来激发人们的阅读意识和培养他们的阅读习惯的活动。行为心理学研究表明，习惯是行为的不断重复。阅读习惯的形成还需要不断的重复，使其成为潜在的需求和稳定的习惯。因此，如果图书馆阅读促进要取得成效，就不能通过一两项阅读促进措施来实现，但我们需要建立一个长期的阅读促进机制。全国公共图书馆要把阅读推广作为日常工作，常态化、长效化，树立长效意识，建立反馈机制，制定长效计划，形成阅读推广长效机制。

3.完善阅读推广合作机制

促进阅读推广合作机制是指不同地区的公共图书馆打破了传统的促进阅读的方式，在新时代独立开展工作，加强与周边地区其他图书馆或公共图书馆的合作，创建区域图书馆间阅读促进联盟，制定区域联盟阅读促进相关制度，逐步完善区域内阅读促进合作机制，形成阅读促进活动的规模经济，协调区域联盟成员图书馆，实施联合阅读促进措施，以促进区域联盟的联系效应，并最大限度地提高阅读促进措施的影响。特别是，不同地区公共图书馆促进阅读的区域联盟不仅可以节省活动成本，而且还可以通过建立联盟图书馆，促进阅读微平台和微推荐、微阅读的发展，分享和转发读者（尤其是年轻读者）喜欢接受的微博评论和其他宣传内容。

4.建立创建阅读推广品牌机制

推广意味着扩大事物的使用范围和影响力，而阅读推广则在更大程度上推动阅读活动，从而让更多的人参与进来，影响范围也随之扩大。在新时代，如果我们把阅读推广活动作为图书馆的品牌，完善阅读推广的品牌理念，让阅读推广成为科学社会的特色品牌，一定会产生很大的品牌效应，吸引更多读者的关注，达到推广的目的。然而，品牌建设需要时间和服务积累，这对图书馆来说既是挑战也是机遇。全国公共图书馆应勇于施加自我压力，完善阅读促进措施，提高阅读促进水平，通过促进阅读促进点的创建，扩大阅读促进的影响力。

5.加强阅读推广评价机制建设

建立并促进阅读推广评价机制，是新时代阅读促进措施有效实施的重要保障。图书馆应建立一套基于读者视角的阅读促进活动评价机制和反馈体系。通过跟踪读者的意识、参与度、满意度、认可度和其他相关因素，图书馆应了解阅读感知和参与阅读促进活动的程度，以便更好地指导新时代图书馆阅读促进活动，并及时调整阅读促进计划。

（四）阅读推广活动机制创新

图书馆的作用非常重要，但也存在一些问题：为了促进阅读促进措施的发展和完善，各地图书馆必须不断加强机制研究和创新。要创新机制，首先，要创新观念。图书馆领导必须以促进社会阅读为使命。作为社会文化的集散地，公共图书馆应该充分认识到促进阅读活动的重要性。其次，要创新社会阅读促进机制，一方面要致力于阅读促进平台的建设，另一方面要积极引导社会各方力量参与阅读促进的运行机制。

1.推广服务平台建设

图书馆是社会和文化结构的一部分，也是最具包容性的文化空间。同时，它也是图书推广活动的重要参与者，并保证在图书馆资源、设备、服务等方面开展阅读推广活动。无论是群众性社会组织还是图书馆本身开展图书推广活动，图书馆凭借其丰富的馆藏资源，可以保证充足的文献资源，建立博士平台。

2.建立各种力量共同参与的运作机制

首先，应加强图书馆与各级地方当局、群众组织、各种网站和媒体的合作。图书馆阅读促进措施不仅必须由图书馆自己实施，还必须公布。例如，开展文化讲座活动，鼓励阅读书籍。群众组织、网站和其他媒体可以共同努力，积极宣传，让更多读者了解和参与，提高文化讲堂的声誉和影响力。

其次，及时采购所需图书，以方便阅读，满足不同群体的阅读需求，为图书推广措施奠定坚实基础。完成这项工作需要图书馆管理人员努力工作，认真做好自己的工作。

最后，积极实施图书馆推广规划师参与图书馆管理。目前，我国图书馆管理人员必须积极规划图书阅读推广措施，发挥专业职能，达到低成本、高参与度、大影响力的效果，最终提高读者的阅读兴趣。此外，目前中国公共图书馆的阅读促进机制是以竞标的形式进行的。通过邀请社会提供计划和资助项目协议，我们可以最大限度地利用社会资源。

第三章　公共图书馆阅读推广的形式

第一节　公益讲座、论坛与展览

一、公益讲座与论坛

公益讲座是指公共图书馆组织的、由主讲人和听众共同参与和交流的文化活动，具有公益性、公开性、大众性等性质。图书馆组织讲座与论坛类读者活动，是图书馆履行社会教育和阅读推广职能的重要形式。

（一）公益讲座已成为公共图书馆的核心业务之一

首届全国图书馆讲座工作研讨会在上海图书馆举行，就图书馆与讲座、讲座的策划与运作、图书馆讲座与城市文化建设、图书馆讲座优秀案例、讲座管理与品牌塑造五个方面进行了专题研讨。全国各级具备条件的公共图书馆纷纷推出了公益讲座，各种主题的公益讲座与论坛从此雨后春笋般开展起来，讲座工作进入迅速发展时期。

（二）突出特色，公益讲座品牌化

有效的品牌建设与管理是确立公益讲座竞争优势的关键。随着公益讲座的持续发展，讲座品牌不断涌现，提升了图书馆的整体形象与美誉度。展示当代文化的多元化与大众化、民族化与全球化、历史传承与现实发展的特色；通过这个特色主题，让人们在现代文明的大潮中拥抱传统，让心灵和思想都能在急进向前的环境中得到传统文化的滋养。

二、公益展览

图书馆展览通常是指读者服务，主要通过展览等方式展示图书馆特定区域空间和网络空间中的文化和艺术，与商业会展相比具有显著的公益性、思想性、知识性、艺术性的特点，是阅读推广的重要手段之一。展出场地、展出主题、展出方式、策展团队、宣传推广是决定展览成功与否的关键因素。随着图书馆展览实践的不断深入，图书馆展览服务逐渐呈现多元化发展趋势，展览的主题日益丰富，现代技术手段也被引入到了展览服务中，增强了互动性与趣味性。

（一）成立展览联盟，促进区域展览资源共享和发展

阅读推广活动的蓬勃发展推动了展览服务的全面开展。展览已成为一项重要的公共文化服务。由于展览展出的场地空间设计、地理位置、选题直接影响着展览的规模、频率和参展人数，展览资源的共享成为扩大影响力、效益最大化的重要措施，全国各地相继成立了展览联盟。随之而来的图书馆展览逐渐从内容的共享延伸到了服务的协作。

（二）馆藏特色文献展览，提升馆藏资源的利用率

文献展览是图书馆宣传文献的一种方式，也是馆藏报道的一种形式。图书馆收集馆藏中与特定主题相关的独特文献、珍本书或文献，并在一定时间内公开展示，以便向读者发布和推荐文献，促进文献的使用。文献展览长期以来一直是图书广告和文化传播的重要手段。

（三）结合新技术，展览服务平台呈现多元化趋势

现代技术为展览形式的多样化提供了支持，使实体展览能够转变为在线展览，并有力地打破了展览服务的时空界限。互联网已成为扩大展览传播和影响力的重要平台，增加了展览的兴趣和与公众的互动。移动互联网技术的发展和应用将展览交给了读者，使他们可以随时随地观看展览。目前，网上展览已成为图书馆较为常规的展现形式，通常的做法是将展品数字化之后统一放在一个网站上供读者阅览。展览服务与新技术相结合拓宽了展览服务的职能和内涵，并随着技术的发展呈现出多元化发展的趋势。

第二节　读者培训与书籍阅读推广

一、读者培训

读者培训是指在丰富的图书馆资源的基础上，图书馆针对不同层次读者的需

求，为读者定期或不定期举办主题丰富、形式多样的专题培训。根据目标受众的不同，广义上的读者培训分为党政干部培训、图书馆员业务素质培训、大众阅读推广培训三种类型。面向图书馆的读者，以提高读者的文化素养、知识水平、阅读能力以及图书馆利用能力为目标，开设课程包括图书馆读者服务介绍、电脑网络以及数字图书馆使用指导、图书选择和阅读进阶等内容是当前公共图书馆的主要工作任务。

（一）读者培训深入开展，主题日益丰富

读者培训是图书馆一项重要的基础业务工作，是提高图书馆资源利用率、履行提升社会教育职能的重要手段。随着图书馆事业的发展，读者培训工作得到了较大发展。随着阅读推广工作的持续深入开展，图书馆读者培训在主题和形式上越来越丰富也越来越有吸引力，大致可以分为入馆培训、电脑与网络使用技能培训、数字资源利用与文献检索培训、文化休闲培训等类型。国家图书馆成立社会教育部（中国记忆项目中心、国家图书馆培训中心），下设中国记忆组、讲座组、教育培训组、摄编组、阅读推广组等科组，包含读者培训的职能，定期开展传统文化、业务培训、"关爱夕阳"老年课堂等培训项目。读者培训工作呈现系统性、长期性、公益性的特点。

（二）文化休闲类培训蓬勃发展，信息素养培训不足

图书馆文化休闲培训是各级图书馆根据自身资源、服务对象特点及当下热门话题开设的，提升读者文化素养、丰富读者文化生活的，包含文学艺术、健康养生等主题的系列读者培训。在国内的具体实践中，以杭州图书馆、佛山市图书馆、镇江市图书馆、苏州图书馆为代表的东部地区公共图书馆开展的公益活动较有特色，公益培训起步早，发展迅速，坚持公益、免费、零门槛的原则，与阅读推广活动紧密结合，且坚持以小班化的模式开展，充分保证培训质量。信息素养是人们在全球信息环境中必须具备的基本技能。在公共图书馆信息素养培训领域，主要手段仍然是开设文献研究课程、访问手册、编写用户手册、编写专题讲座、介绍数据库等。存在培训手段落后、缺少互动、吸引力低等问题。

（三）应用信息化手段，培训形式多样化

传统读者培训手段落后与信息技术不断发展的矛盾，引发了图书馆读者培训方式的创新性探索，一些图书馆培训的新形式不断涌现，例如慕课（MOOC）在线游戏、微课程、网络自主培训平台等。依托新媒体、新技术的线上课程，积极适应用户学习时间碎片化的现状，具有课程新颖、互动性强、时间灵活等特点。

二、推荐书目

推荐书目是基于特定的读者群的阅读需求，结合推荐者的阅读体验，遴选出来的文献目录。也可以说，它是满足特定个人特定学习或阅读需求的阅读书籍列表。它通常包括许多书名、作者、问题、摘要或推荐。通常在前面会给出一个简短的引言或前言，以解释推荐书的对象、目的、内容、编排体例等，又称为"导读书目"等。拟议的书目作品是公共图书馆一般工作的重要组成部分，也是公共图书馆参与促进公众阅读的重要途径。

（一）主题细分，推荐书目的开列者更加多元

随着国民经济的发展和信息时代的到来，人们更倾向于通过购买而不是借书来获取书籍。为此，在向大众推荐书目的过程中，应该可以为购书的种类、版本做出针对性的划分，丰富书籍类目。为大众的书籍选择提供有价值的参考意见。

（二）年龄段细分，儿童推荐书目丰富

分级阅读起源于发达国家，要求按照少年儿童不同年龄段的智力和心理发展水平为儿童提供科学的阅读计划，为不同孩子提供科学的、有针对性的阅读读物。在分级阅读推荐书目的基础上，其他类型的儿童推荐书目也非常丰富，需要注重对其体系的完善。

（三）依托图书智能推荐系统，提供个性化阅读推荐服务是发展趋势

我国图书馆化、数字网络化的快速发展，阅读媒介不仅仅是包括印刷纸质书刊、报纸，还包括图形图像、音视频形式的多媒体化数据阅读。在这种形势下，阅读推荐不再局限于单一的图书推荐，而是基于多种资源的阅读推荐，预测目标用户对阅读资源的兴趣度成为阅读推广工作中的一项重要内容。个性化阅读推荐的实现有多种形式：一是以所有读者对阅读资源作出的评价、喜好、借阅次数为基础向所有用户进行推荐；二是读者在搜索框中用关键词搜索，系统根据阅读资源的属性生成推送列表；三是根据读者的搜索记录或借阅记录发现书籍间的相关性进行推送；四是基于不同读者之间的阅读喜好的相关性进行推送。图书馆可以通过个性化图书推荐系统为读者提供更贴合其需求的检索结果，也可以发掘读者阅读兴趣，提升馆藏图书的借阅率，降低图书闲置率，同时还可以帮助读者发现兴趣爱好一致的书友，这些已经成为推荐书目工作的发展趋势。

三、阅读推广活动

阅读推广活动指图书馆为促进阅读、提高读者阅读素养而开展的各项活动，通常每次活动包含策划书、推广方式、实施过程和活动效果等方面。按照活动的

频率，阅读推广活动可以分为常态性推广、策划性推广和随机性推广。

（一）形式多样，专业委员会主导开展丰富的阅读推广活动

多姿多彩的阅读促进措施已成为图书馆服务的重要组成部分。公共图书馆通常会在4.23世界阅读日前后举办大型阅读推广活动，以启动年度阅读推广活动。在公共图书馆领域，阅读促进的主要领导者是各种专业协会、团体和政府。中国图书馆协会阅读促进委员会成立后，下设阅读促进理论研究专业委员会、图书馆与家庭阅读专业委员会、青少年阅读促进委员会、新媒体阅读促进委员会。这些专家委员会通过开展理论研究、出版专业教科书、举办学术会议、举办讲座论坛和其他形式，为各级图书馆提供专业咨询和培训，并开展行业发展。此外，政府的参与还大力鼓励制定阅读促进措施，使各级公共图书馆成为主要实施主体和关键岗位，作为发展现代公共文化服务的重要组成部分，采取了促进阅读的措施，并通过财政拨款和政策文件确保了促进阅读措施的顺利实施。

1.平面媒体

以纸张为载体、以文字符号及图片为内容来传递信息的印刷媒体，被称作平面媒体，具有视觉单一、维度单一的特点。比如报纸、杂志、图书等，作为形式相对单一的静态纸媒，它们都具有一些共同的特征：发行量大，阅读人群广泛；信息内容丰富，版面灵活多样；易于收藏，可重复阅读；阅读方式随意，不受时空限制等。同时他们又具有各自的特点，比如报纸具有传播速度快、时效性较强、覆盖范围广、权威性较强等特点。杂志具有分类较细，专业性较强；对象明确，针对性较强；印刷精美，美感度较强等特点。图书具有保存时间长、传阅人数广、内容有深度、学术性较强等特点。

2.广播媒体

广播是指通过电波（无线或有线）传送以声音信息为内容的媒体形态。当前有人认为广播媒体已经退化衰败，甚至把广播说成是司机的寂寞解药，其实不然，广播仍然具有庞大的用户群，特别是音乐、曲艺（相声）、新闻、热点话题等栏目深受听众喜爱。广播具有传播方式的即时性、传播范围的广泛性、收听方式的随意性、受众层次的多样性、制作成本与播出费用的低廉性、播出的灵活性、激发情感的煽动性等特点。广播靠声音进行传播，诉诸人的听觉，能给听众无限的想象空间，这也正是广播的魅力之所在。正是凭借这些超凡的魅力，广播才能够超越时空，历久不衰。

3.影视媒体

影视媒体是集声音、图像、文字等符号于一身的综合性视听媒体形态，是大众最容易接受的娱乐媒体。影视媒体主要包括电视、电影、录像等，已成为人们生活中不可缺少的一部分，是大众媒体中最喜闻乐见的一种。作为视听媒体，它们也有一些共同的特征，比如传播面广，受众人群广；直观性强，有较强的视觉冲击力和感染力；受收视环境限制，传播需要一定条件等。影视媒体在三种传统媒体中最具有娱乐性，特别是电视综合了声音、图像、文字、色彩、动态等全方位的视听信息，它既可以表现报纸、杂志的平面视觉效果，又具备广播的声音传播功能，同时还具有传统纸媒和广播所不具备的直观形象性和动态感。电视也因其收视成本低、节目内容丰富、适合居家收看等特点，使其成为大众首选的娱乐方式，这就不难解释为什么到现在人们还是坐在电视机前的时间最长。

新媒体的传播特征 新媒体的发展速度十分惊人，在我们刚刚熟悉号称"第四媒体"的网络新媒体时，移动新媒体已经作为"第五媒体"悄然挤上新媒体的霸主地位。新媒体已然颠覆了很多传统观念，数字化网络成为人类生活的重要组成部分，甚至成为我们部分功能的延伸，我们已经进入一个全新的新媒体时代。新媒体始终随着时代的变化而变化，并与传统媒体在不断地竞争、渗透与融合中共同发展，它的传播方式也在不断创新并日趋多元化，使信息传播呈现出新的特点。

（1）全民全域

①全民众传播在网络世界里，每个人都是媒体，每个人都是话题中心，数十亿网民共同缔造了自媒体时代。所有人面向所有人进行的传播，这虽不是新媒体最完美的定义，但它却抓住了新媒体最核心、最精髓的东西，也就是新媒体的基本特征。新媒体不是多对一，也不是一对多，而是多对多地传播形式，而且每个参与者对信息内容都拥有对等的和相互的控制。有时我们甚至难以区分信息生产者和消费者两大阵营，也分不清读者与作者。新媒体就是一个全民参与的媒体，是最能体现"人人为我，我为人人"理念的平台，个体已不仅是被动享受媒介提供内容的接受者，而是主动参与其中，成为传媒资源和内容的提供者、制造者和传播者。

②全地域传播只有新媒体借助于有线或无线的数字技术与网络技术，才能完全实现全球传播效应，彻底打破地域和空间的限制，消解地域之间的边界，再次把世界紧缩为地球村。我们可以拥有着不同的肤色，生活在不同的地区，使用着不同的语言，但却可以共享同一个网络，只需要设备和传输信号，就可以把信息发布到世界任何一个角落，信息的交流不会有任何死角。这极大地颠覆了传统媒体的传播路径，可以使我们与远在天边的朋友进行高清晰的视频对话，使地球村的居民们变得更加亲近。

（2）即时即速

新媒体可以通过互联网高速传播并实时更新，具备传播速度快、时效性强的特点。它不仅更新速度快，更新周期可以分秒计算，而且更新成本低，随时可以加工发布，甚至可以把即时的信息极速地传送给所有受众。这是以往传统媒体很难做到的，与报纸、广播、电视相比，只有新媒体才能做到信息的即时采集、即速发布，甚至在事件发生的同时就能够进行同步传播。而传统媒体却有明确的发布时效和时段，采用定时定量的发布机制，比如电台、电视台都有节目预告，可以安排出一周或者更长时间的内容安排，甚至包括新闻类节目。而新媒体它不受印刷、运输、发行等因素的限制，信息上网的瞬间便可同步发给所有用户。正基于此，新媒体更关注当下，关注新闻事件的第一时间，并可以在随后的跟踪及跟进中不断深入、细化，可以使信息在24小时内始终处于更新状态，滚动发布。新媒体的即时刷新提高了新闻的时效性，其本身"接收的异步性"又方便受众随时随地按需要进行信息接收。毋庸置疑，新媒体做到了同步传播与异步接收相统一，即时采集与极速发布相统一，使人们彻底摆脱了必须按点按固定节目收看电视、收听广播的束缚，也因此改变了人们接收信息的方式和习惯，可以随时捕捉和交流信息。

（3）互联互动

新媒体由于形式多样，使每个参与者都不再是孤独的个体，而是互联网大家庭的亲密成员，并且可以通过各自的平台进行对等的交流。与此同时，传播方式的根本转变，也使得平台中的任何人都可以成为主体，进行各种形式的互动。从传播的方向和机制看，新媒体突破了传统媒体单向传播的模式，可以实现传媒与受众之间的双向互动，甚至传媒与受众、受众与受众等多向互动，能使信息传播具有很强的互动性。新媒体反馈系统的健全，突破了传统媒体下受众被动接收信息的局限，独特的网络介质使得信息传播者与接受者的关系走向平等，实现了受众驱动式传播，并赋予网民前所未有的主动权，进而可以使受众在互动中发出更多的声音。新媒体交互性极强，互动是新媒体最独特之处，它强调的是参与、互动、共享。

（4）多维多度

新媒体的形态随着数字技术和互联网的高速发展，不仅更新越来越快，且表现形式也越来越丰富，它们或者各司其职，或者协同作战，进行多渠道、多层面、多角度的信息传播。新媒体技术弥补了传统媒体获取信息的枯燥性、延迟性和单向直线性等方面的不足，使受众能够及时得到全覆盖、全方位、立体式的信息资源。新媒体客户端的多样化，也是其多维度特征的表现之一，为我们选择接收信息拓宽了渠道，我们可以坐在家里通过数字电视、电脑网络等纵览天下，可以在交通工具上享受移动电视带来的数字盛宴，也可以随时随地用手机获取个性化的资讯。

（二）关注特殊群体，少年儿童成为主要推广对象

少年儿童读者群体是公共图书馆服务对象中的特殊群体，也是核心群体之一。

中国图书馆学会青少年阅读推广委员会，作为一个致力于促进年轻人阅读的专业工作组，它有一项重要的任务和责任，即促进年轻人的阅读意识，改善阅读习惯，提高阅读理解力，开展阅读研究，促进阅读运动，创造阅读环境。绝大多数县级以上公共图书馆都为少年儿童提供阅读服务，阵地资源较为丰富。比较常见的少儿阅读推广活动形式有讲故事、读书会、演讲比赛、诗歌朗诵等。在公共图书馆领域，每年4月2日的"国际儿童图书节"和6月1日的"国际儿童节"我们专注于一系列儿童阅读推广活动。事实证明，促进儿童阅读越来越受到社会的重视，图书馆利用其资源、环境和服务在促进儿童阅读方面发挥着越来越重要的作用。

（三）深入合作，社会力量参与阅读推广活动

社会力量参与阅读推广活动有两种类型，一是作为公共文化服务的享受者参与到阅读推广活动中，享受文化、获取知识、提出建议；二是作为阅读推广活动的组织者、管理者和提供者，自行开展活动或与公共文化机构合作共同开展活动。参与阅读推广的社会力量主体多元化，不仅有民间社团组织、出版发行单位、教育培训机构、餐饮机构，还有对阅读推广有兴趣的社会公众。表扬、鼓舞和支撑读者参与阅读推广活动，建设现代化公共阅读文化体系，增加了社会公众的参与感、获得感，这是图书馆在公共文化服务创新浪潮中的自我变革，也是时代发展的要求。

第三节　新媒体形式的阅读推广

一、新媒体环境下阅读的优势

（一）传播内容丰富，阅读无限量

新媒体时代就是信息大爆炸的时代，信息量成几何级数的增长，各种各样的信息内容冲击着我们的头脑，浩如烟海的信息容量给了我们无限的选择。网络上各类信息汇聚成海，以秒为单位实时刷新着我们面对的各种屏幕，融合了文字、声音、图像等多种形式的媒体，不仅克服了传统的报刊、广播和电视之间难以逾越的障碍，而且阅读效果更是"图""文""声""像"并茂，内容更加形象生动，大大提高了人们的阅读兴趣。

（二）传播介质多样，阅读无障碍

传播介质的确实改变了我们的阅读方式和阅读体验，现在我们可以借助各种各样的智能终端，在任何地点、选择任何形式去阅读，而且具有更环保、更便利、低成本等方面的优势。移动智能终端（特别是手机）充分发挥其灵动、智能、便携、快捷的优势，为我们变换出丰富多彩的阅读形式。手机网民的规模奠定了手机成为第一大阅读工具的基础，无论何时，无论走到哪里，我们都可以看到手捧手机埋头阅读的"低头族"，他们或流连于娱乐资讯，或沉迷于网络游戏，或静心阅读一本小说，或陶醉于一部大片。同时平板电脑和电纸书（电子阅读器）的迅速发展也不可小觑，逐渐成为人们的阅读利器，尤其是电纸书，因其采用电子墨水屏而最接近纸质书籍的阅读感受，成为最为适合数字阅读的设备。

1.网络新媒体

网络时代已经迅速发展并深刻地影响着我们社会生活的各个方面，与此同时网络新媒体更是极速成长。门户网站就是网络新媒体的一种形态，网络新媒体还包括搜索引擎、虚拟社区、网络广播、网络电视等一切依托于互联网络的新兴媒体形态。

2.移动新媒体

手机作为移动新媒体的代表，依托于电信网络，不仅成为新增网民的重要来源，在即时通信、电子商务等网络应用中均有良好表现。5G通信无疑会带给人们真正的沟通自由，并彻底改变了我们的生活方式甚至社会形态。手机媒体具有携带方便、随时浏览、随意互动的特点，可以提供丰富多样的信息服务。

3.数字新媒体

数字新媒体是指数字电视、移动电视、楼宇电视等所有依托于广播电视网络的媒体形态。

二、新媒体的传播特征

新媒体的发展速度十分惊人，在我们刚刚熟悉号称"第四媒体"的网络新媒体时，移动新媒体已经作为"第五媒体"悄然挤上新媒体的霸主地位。新媒体已然颠覆了很多传统观念，数字化网络成为人类生活的重要组成部分，甚至成为人类部分功能的延伸，我们已经进入一个全新的新媒体时代。新媒体始终随着时代的变化而变化，并与传统媒体在不断地竞争、渗透与融合中共同发展，它的传播方式也在不断创新并日趋多元化，使信息传播呈现出新的特点。

（一）全民全域

1.全民众传播

在网络世界里，每个人都是媒体，每个人都是话题中心，数十亿网民共同缔造了自媒体时代。所有人面向所有人进行的传播，这虽不是新媒体最完美的定义，但它却抓住了新媒体最核心、最精髓的东西，也就是新媒体的基本特征。新媒体不是多对一，也不是一对多，而是多对多地传播形式，而且每个参与者对信息内容都拥有对等的和相互的控制。有时我们甚至难以区分信息生产者和消费者两大阵营，也分不清读者与作者。新媒体就是一个全民参与的媒体，是最能体现"人人为我，我为人人"理念的平台，个体已不仅是被动享受媒介提供内容的接受者，而是主动参与其中，成为传媒资源和内容的提供者、制造者和传播者。

2.全地域传播

只有新媒体借助于有线或无线的数字技术与网络技术，才能完全实现全球传播效应，彻底打破地域和空间的限制，消解地域之间的边界，再次把世界紧缩为地球村。我们可以拥有着不同的肤色，生活在不同的地区，使用着不同的语言，但却可以共享同一个网络，只需要设备和传输信号，就可以把信息发布到世界任何一个角落，信息的交流不会有任何死角。这极大地颠覆了传统媒体的传播路径，可以使我们与远在天边的朋友进行高清晰的视频对话，使地球村的居民们变得更加亲近。

（二）即时即速

新媒体可以通过互联网高速传播并实时更新，具备传播速度快、时效性强的特点。它不仅更新速度快，更新周期可以分秒计算，而且更新成本低，随时可以加工发布，甚至可以把即时的信息极速地传送给所有受众。这是以往传统媒体很难做到的，与报纸、广播、电视相比，只有新媒体才能做到信息的即时采集、即速发布，甚至在事件发生的同时就能够进行同步传播。而传统媒体却有明确的发布时效和时段，采用定时定量的发布机制，比如电台、电视台都有节目预告，可以安排一周或者更长时间的内容，甚至包括新闻类节目。而新媒体它不受印刷、运输、发行等因素的限制，信息的瞬间便可同步发给所有用户。正基于此，新媒体更关注当下，关注新闻事件的第一时间，并可以在随后的跟踪及跟进中不断深入、细化，可以使信息在24小时内始终处于更新状态，滚动发布。新媒体的即时刷新提高了新闻的时效性，其本身"接收的异步性"又方便受众随时随地按需要进行信息接收。毋庸置疑，新媒体做到了同步传播与异步接收相统一，即时采集与极速发布相统一，使人们彻底摆脱了必须按点按固定节目收看电视、收听广播的束缚，也因此改变了人们接收信息的方式和习惯，可以随时捕捉和交流信息。

（三）互联互动

新媒体形式多样，使每个参与者都不再是孤独的个体.而是互联网大家庭的亲密成员，并且可以通过各自的平台进行对等的交流。与此同时，传播方式的根本转变，也使得平台中的任何人都可以成为主体，进行各种形式的互动。从传播的方向和机制看，新媒体突破了传统媒体单向传播的模式，可以实现传媒与受众之间的双向互动，甚至传媒与受众、受众与受众等多向互动，能使信息传播具有很强的互动性。新媒体反馈系统的健全，突破了传统媒体下受众被动接收信息的局限，独特的网络介质使得信息传播者与接受者的关系走向平等，实现了受众驱动式传播，并赋予网民前所未有的主动权，进而可以使受众在互动中发出更多的声音。新媒体交互性极强，互动是新媒体最独特之处，它强调的是参与、互动、共享。

（四）多维多度

新媒体的形态随着数字技术和互联网的高速发展，不仅更新越来越快，且表现形式也越来越丰富，它们或者各司其职，或者协同作战，进行多渠道、多层面、多角度的信息传播。新媒体技术弥补了传统媒体获取信息的枯燥性、延迟性和单向直线性 等方面的不足，使受众能够及时得到全覆盖、全方位、立体式的信息资源。新媒体客户端的多样化，也是其多维度特征的表现之一，为我们选择接收信息拓宽了渠道，我们可以坐在家里通过数字电视、电脑网络等纵览天下，可以在交通工具上享受移动电视带来的数字盛宴，也可以随时随地用手机获取个性化的资讯。

三、新媒体的发展趋势

（一）新媒体产业快速发展

目前我国新媒体产业前景广阔，市场规模不断扩大，新媒体企业稳步发展，随着5G时代的到来，移动互联网行业将迎来新的发展机遇，特别是随着国家对新媒体产业的政策环境进一步放宽，进一步推动了我国新媒体产业的健康发展，并使新媒体产业经济规模不断迈上新台阶。

（二）新媒体技术日益成熟

随着计算机科学与网络技术突飞猛进地发展，新媒体传播的硬件技术和支持条件已经成熟，这是新媒体发展的先决条件。目前计算机成为新媒体传播的中心环节，互联网成为基本载体，数字技术得到广泛应用，在我国新媒体技术也日趋成熟，特别是在通信领域，技术上不但与国际水平相当，甚至多项技术能够领先于欧美发达国家。

（三）新媒体终端迅速普及

新媒体终端可以是台式机或笔记本电脑，可以是电视或者移动电视，也可以是手机或其他智能移动设备，总之就是把信息最终呈现在我们面前的媒介工具。同时移动智能终端的操作系统越来越强大，并借力于云计算和云存储的能力，提供更加强大 的信息处理能力。移动智能终端之所以重要，是因为其不仅仅是新一代的移动通信终端，更是新一代互联网接入终端和个人信息门户终端，也就是说如今的移动智能终端已经成为人类进行社会交往和信息传播的重要的新媒体融合平台。数字终端的快速普及，为新媒体的发展提供了硬件支持。

（四）新媒体内容极大丰富

新媒体可以利用多元联结点提供丰富的内容，满足人们在任何时间及任何地点的需求。新媒体内容泛指一切信息产品和信息消费类的内容，主要包括网络信息、数字影音、电脑动画、数字游戏、应用服务、数字学习、内容软件、网络服务和数字艺术等。新媒体市场逐年扩大，产业的规模也越来越大，新媒体传播的内容正在日益丰富，传统媒体每天传播的信息量不及互联网的1/4。内容是新媒体的生命力所在，富有最新技术的新媒体内容将成为媒体行业的先锋，这就意味着用户可以拥有更多选择，比以往更容易享有一系列互动增值服务。传统媒体无论选择怎样的"全媒体"转型道路，最重要的不是媒体形态本身，而是如何借助各种渠道和终端，使原有的资源优势（新闻采编人才资源、信息资源、公信力和品牌资源等）更好地转化为竞争优势，为用户提供最需要的内容产品。而自媒体时代的来临更加速了信息内容的爆量增长，因为自媒体的数量庞大，其拥有者也大多为普通民众，人人都有麦克风，人人都能爆料，人人都是记者，人人也都是信息传播者。新媒体的内容生产依然是媒体组织的核心工作，它极大地丰富了数字内容和信息资源。

（五）新媒体消费初具规模

随着新媒体产业的稳步发展，新媒体终端的迅速普及，数字内容的极大丰富，人们接受数字信息的方式越来越多样化。

第四章　公共图书馆学科服务创新

第一节　学科及学科服务概述

一、学科的含义

学科的概念在不同的社会时期有着不同的理解，在过去，人们对学科的认识相对单一化，简单地将其理解为知识的分类或教学的科目。随着社会的发展，社会科学与哲学的探讨不断深入，不断对学科这一概念的理解注入了新的活力，对学科内容的认识也更为全面化和立体化。基于科学与哲学研究的思考，不断涌现了许多有关于学科理解的新型理论。学科是一种有组织的、客观的、合理的知识体系，同时也是一种制度化、规范化的社会活动，社会与历史问题会直接影响科学发展的速度，也会对科学家的问题关注焦点造成一定影响。学科的含义包含以下几个方面：

（一）学科是一种知识体系

学科作为知识管理的一种手段，从这个意义上说是一个结构紧凑、思维严谨、内部一致性较强的逻辑知识体系，这种学科表现在该领域的文献和教材中。

（二）学科是一种精神规范

学科作为一种精神规范，它是学科研究者在从事学科教学研究工作中所表现出来的精神气质、信仰、思维方式、规范体系等，体现在学科研究者的行为和心理状态上，以及他们独特的行为和思维方式上。

（三）学科是一种研究组织

学科作为一种研究组织，是进行学科研究和开展学科研究的基本单位，具体形式可以表现为学科研究的研究所、办公室、中心等。研究组织形态的学科为学科研究提供了组织形式和庇护所，是学科研究组织化、制度化的标志。

（四）学科是一种教育与人才培养的单位

学科在教学领域中体现为一种教学的组织形式，具体以教育与人才培养的独立的机构、独立的学位、独立的专业和独立的课程体系形式存在。学科作为一种教育单位，能够将知识体系的学科和精神规范的学科转移给体系内的学科成员，从而保障和保持学科知识、精神和社会分工的连续性。

（五）学科是一种劳动分工的方式

知识，即认知领域的分化促进了学科的形成与发展。学科的建立标志着社会分工中一个新部门的组建，标志着一个新的工作小组和岗位的独立分化，标志着一批人要适应与确立新的劳动角色。

（六）学科是一种交流的平台

学科的存在将不同地域、不同组织、不同时代的学者紧密联系起来，超越时间与空间的限制为学科人员搭建了一个交流的学术平台。这一交流平台在学者之间的交流和学科意识的批判性成长过程中具有特殊的意义，它体现在学科研究的期刊、书籍、文献以及学科的社团中。

（七）学科是一种社会管理的单元

在现代科学技术应用广泛的社会新时代，科学研究已经与经济、社会和国家的利益息息相关。科学研究越来越依靠外部资源和环境的力量，已成为政府和社会公认的合法学科，有效促进了各专门领域的知识生产与传播。因此，学科的科学研究已成为社会和国家资助和管理的重要对象。

二、学科服务的内容

（一）学科服务的概念

从语言词汇学的角度来看，"学科服务"一词由"学科"与"服务"两个词语构成。"学科"一词在上文已做阐释，这里不加赘述。"服务"一词在社会中主要包括行业的工作任务与责任等。因此，将两个词语组合分析，可以理解为围绕学科而开展的服务活动。对于图书馆来说，从表层意义上理解学科服务是图书馆员根据学科建设需求而提供的全面的文献知识信息资源服务和信息技术服务。而在知识经济时代，学科服务具有新的内涵，他是图书馆领域的一种全新的服务观念和服务形式，图书馆学科服务的提供，为深化现代图书馆服务，提高图书馆服务层次指明了新的发展方向。学科服务概念在图书馆工作中的应用经历了一个转变的过程，由最初的"学科馆员制度"到后来的"学科信息导航"和"学科信息门户""跟踪服务"和"导读服务"等，学科服务的概念越来越走向正式化与规范化。

（二）学科服务的基本要求

对于图书馆来说，学科服务不是一个简单的服务概念，也不是众多服务活动中的一种服务形式，它是一种涵盖多种要素的服务体系，也是未来图书馆开展服务工作的重要形式。图书馆开展学科服务的要求可以总结为以下几个方面：

1.全面系统

全面系统是指图书馆学科服务体系要全面系统，主要包括图书馆工作系统中的文献信息资源涵盖的内容要全面、学科服务工作开展时各个流程操作要系统化进行。对于学科馆员来说，要对其专业学科资源与情况全面掌握，能够利用现代化信息技术对图书馆学科资源与服务进行全面宣传，增强更多人对学科服务的了解。

2.方便快捷

方便快捷是指图书馆通过开展学科服务，帮助用户更加方便快捷地提取自身所需的学科信息知识和相关信息服务，及时有效地处理实际问题。

3.高效利用

高效利用包含两方面含义：一方面是指学科信息资源的高效利用，即学科用户能够高效地使用图书馆馆藏的所有文献信息资源；另一方面是指学科馆员工作的高效，能够有效促进学科服务的开展。

4.满意评价

这里主要是指学科用户对图书馆学科服务的满意程度。图书馆应采取多种方式提升学科服务能力，进而提高学科用户的认同感与依赖感。

（三）学科服务的性质

学科服务是一种以学科用户以及学科用户需求为重点，以学科馆员参与为手段的全新的服务形式。随着学科服务的深入开展，人们对它的认识也在不断加深和变化。对学科服务性质的理解，经历了一个由浅入深的过程，可以归结为以下几点：

1.学科服务是图书馆一种先进的办馆理念

在过去，图书馆是人们获取文献信息资源的唯一场所，具有知识信息需求的人们对图书馆的依赖程度很高。然而，随着现代科学技术的飞速发展，网络的信息化、数字化对图书馆带来了很大的冲击，同时也为图书馆的发展带来了前所未有的机遇，图书馆管理者必须正视信息技术的发展带来的挑战，同时也要思考如何使图书馆在飞速发展变化的社会中取得一席之地并得到长足发展。学科服务是一种以用户为中心的个性化、专业化的服务，学科服务的完善为图书馆的生存和发展带来了活力和生机，能够有效增强图书馆的核心竞争力。

2.学科服务是一种新的服务模式

学科馆员参与到学科用户的信息环境和信息环节中，为相应的学科或部门、重点实验室、科研团体和学科用户个人提供个性化、专业化、知识化的服务。

3.学科服务是图书馆服务工作的一种新的服务机制

图书馆在设置学科馆员时，会按照相应学科或部门的特点与内容进行专业设置，规定了学科馆员的工作职责、目标和任务，确定了具体的考核指标和方法，明确了学科服务的服务要求。

（四）学科服务的特征

1.扩展性

学科服务具有扩展性，主要体现在服务空间范围、服务内容和服务模式三个方面。

（1）服务空间范围

传统的图书馆服务空间范围主要是就物理空间而言，仅限于在图书馆内提供服务，这种服务形式受到地域范围的局限。现如今，学科服务不仅仅指在相对的地域空间提供服务，同时在服务内容上也超出了时空的限制。学科服务的地点不再局限于图书馆，而是围绕在人们的生活展开，学科馆员为掌握用户的需求信息，不断深入学科用户的需求环境中，融入学科建设的科研与创新等多个领域。

（2）服务内容

为了适应信息社会不断变化的需求，图书馆学科服务应在遵循原有传统服务内容的基础上进行创新与再创造，不断加入符合社会发展需求的新内容、新思想，尤其要完善和履行参考咨询服务内容。

（3）服务模式

学科服务不能故步自封，要能够深入学科用户所处环境，更要融入学科建设的过程中进行相关文献资源保障服务和个性化的信息服务。

2.主动性

学科服务是对图书馆传统服务的继承与深化。在信息化时代，学科服务将成为未来图书馆工作的核心内容。它改变了原始的被动服务现象，以主动服务的形式吸引学科用户参与到图书馆的学科服务之中。学科服务为学科馆员与学科用户构建了信息交流的渠道，建立起学科馆员与学科用户之间有效联系，学科馆员自觉主动地为学科用户提供所需的文献信息资源服务与信息数据的利用指导，帮助他们提升信息获取与利用的效率。因此，学科服务是一种主动性的服务，它以满足学科用户的需求为目标，在知识资源日渐丰富的信息化社会，为更多的学科用户提供最优质的资源保障与技术性服务。为保证学科服务的顺利实施，要求学科馆员兼具专业性与主动性，为学科用户提供最具实效性的精准服务。

3.互动性

学科服务是一种动态的交互型服务，它以学科用户的信息需求为基础，将学科建设中分布于不同领域的动态资源进行整合，通过服务将这些资源融入学科建设与用户处理问题的各个环节。学科服务重视学科资源建设，加入学科教学活动，参与到学科用户中，渗透到科学研究中，与学科用户互动，使学科用户积极参与学科资源建设。互联网技术的出现与发展，极大程度地促进了学科用户之间的信息交流，用户既是资源信息的获取者，同时也是资源信息的提供者。因此，互动性是现代图书馆的突出特征。

4.专业性

从服务的目的、用户需求、服务内容和形式、服务模式等角度来看，学科服务在任何一个方面都具有很强的专业性。由于学科用户也具有专业化的特征，他们需求的信息往往不是泛化的，而是带有准确的目的性，学科服务能够对泛化的知识进行精细的划分与筛选，为学科用户提供个性化的知识需求。学科服务对知识的整合是一个具有很强专业性的过程，它贯穿学科教学、科学研究的全过程。而且，科学技术的蓬勃发展打破了原有的时空限制，能够随时随地为用户提供专业化知识。另外，学科馆员作为与学科用户直接接触的提供服务的主体，必须具有高度专业化的学科知识与技能，为不同专业水平、不同层次的学科用户提供专业化知识指导与服务。

5.便捷性

信息环境的变化与网络技术的发展，促使图书馆馆际之间建立起了信息资源共享的空间，加快了信息资源的传递与交流。信息共享空间的建立同时也促进了物理形态的图书馆的转型，在资源内容与服务方式上都需要进行重新整合和研究，形成全新的、专业的学科化服务模式。图书馆依靠学科资源网络共享和馆际互借服务，改善硬件设施设备条件，强化服务管理制度，为学科用户方便快捷地获取学科知识资源提供了保障。

三、学科服务的作用

现今社会，图书馆服务工作日趋成熟，人们的实际需求不断提升，对学科服务的探讨与关注也日渐加深。学科服务是一项专业性、知识性极强的服务工作，与图书馆其他服务工作贯穿图书馆资源与服务的整个过程，是图书馆进行用户服务的重点内容，学科服务的开展，能够有效促进图书馆融入新信息社会环境、适应新的服务需求、进一步提升图书馆的服务质量与服务水平。学科服务标志着图书馆向注重知识服务转变，对于促进图书馆馆藏资源建设、提高学科馆员的专业素养、革新服务模式、提升图书馆的社会影响力具有重要作用。

（一）整合信息资源，丰富图书馆学科资源，为社会带来财富

科学技术与网络信息技术的发展是一把双刃剑。一方面，知识的爆炸式发展为社会带来了大量的知识信息资源；另一方面，这些信息资源质量参差不齐，且以一种无序、混乱的形式存在。人们很难在这些纷繁复杂的信息资源中准确提取真正有价值、有意义的知识。图书馆学科服务在宏观意义上能够对图书馆文献信息、网络信息资源以及与相应学科相关的其他信息资源进行统筹整合、合理规划和科学控制；在微观意义上能够对社会与网络环境下无序的信息资源进行识别、筛选、搜集、处理、组织、删除和管理，建立多层次的学科信息资源体系，提升这些资源的价值，成为新的社会财富。

（二）促进信息资源的深层次开发和远距离获取

依靠现代科学技术与网络信息技术，图书馆的信息技术系统得到了进一步完善与发展。学科服务以现代信息技术手段为依托，对信息资源的管理模式由描述信息形式特点转变为对信息内容进行全面的阐述，以文本、数据、图像、动画等多媒体形式，建立起信息资源数据库，设置多角度、多途径的检索方式，使无序的信息呈现出有序的状态，方便学科用户进行深层次的科学检索。网络学科服务平台的建立，让学科用户可以突破时间与地域的限制，足不出户就可以获取源自世界各地的优质资源与服务，为学科用户获取知识资源提供了极大的方便。

（三）促进学科馆员的综合素质的提高

学科服务是图书馆服务的新模式，没有可以参照的标准可循，其发展和完善还需要长时间地研究和探索，这对学科馆员的职能就提出了更高的要求。学科馆员在其特有领域具有足够的专业优势与业务技能优势，他们能够代表领域内的先进力量，能够在学科服务中发挥最大的价值。从整体上看，学科服务能够培养学科馆员的敬业精神与参与精神，在学科人员进行科学研究的过程中，学科馆员可以主动参与，为学科人员提供专业化的学科服务，为其节省了大量的时间与精力，为其科研项目的完成进行提供了可靠的保证。现代图书馆已经成为互联网的重要组成部分，这就要求学科馆员不仅要具备图书馆和信息学的专业知识，而且要掌握相应学科馆员的专业理论知识。因此，图书馆提升了学科馆员在图书馆信息与信息资源文献查询与检索、鉴定与筛选、加工与处理等方面的知识与技能。随着网络技术的发展与计算机应用的普及，学科馆员有机会对世界范围内的经济、文

化、政治、教育等多方面信息进行有效的采集与应用，对于推进馆藏文献的整合、资源数据库的建立、资源信息服务的开展具有重要意义。

（四）促进了图书馆学术地位和学术水平的提高

图书馆工作是一项学术性很强的工作，而学科服务的水平高低是由学科馆员工作的具体情况决定的。首先，学科馆员是具有专业知识能力与背景的人员，学科人员参与到学科用户的研究工作中，必然会受到其学术能力、学术氛围、学术精神的影响，进一步激发学科馆员的工作热情；其次，学科馆员一般具备学术研究的能力，学科服务能够挖掘社会或学科领域的新问题、新思路，能够有效带动学科馆员进行进一步的学术研究工作；最后，学科馆员具有了相当的工作热情以及学术能力，能够以自身的学术精神带动其他馆员或人员的学术行为，营造出一个良好的学术氛围，创造出更高层次的学术研究成果。这一过程是在图书馆的学科服务中实现的，即有效提升了图书馆的学术地位与学术水平。

（五）提升了图书馆的整体管理水平与服务质量

学科服务要求图书馆向更高层次、更高水平的服务模式迈进。首先，应保证图书馆服务的物质基础，包括图书馆的整体环境与服务设施的建设与完善、文献信息资源的不断更新、先进技术的开发与引进、相关制度的制定与完善等。其次，学科服务要求注重团队合作的实现，这就要求学科馆员既具有专业的学术能力，又能够积极参与团队建设，负有责任心与团结力。学科服务能够有效促进图书馆内部的变革，必然会对图书馆整体水平与服务质量的提高产生积极的推动作用。

第二节　公共图书馆学科服务平台构建

一、学科服务平台的含义与组成

（一）学科服务平台的含义

学科服务平台是为学科馆员与学科用户之间沟通学习以及进行学科信息资源交流而搭建的虚拟场所。它是在学科馆员和学科用户之间起到连接作用，学科用户和学科馆员能够利用这以平台进行交流和沟通。它是学科服务系统的外部体现，是进行学科服务的基地和场所，也是图书馆进行学科服务的综合信息服务平台。学科馆员利用图书馆本体、文献资源等现有物理设施建立学科服务实体场所，利用网络技术和先进的信息技术建立虚拟网络学术平台，为学科用户提供更全面的学科信息资源服务。与此同时，学科用户可以运用学科服务平台进行信息资源的检索与提取，并与他人或学科馆员进行互动交流，全方位地体验图书馆学科信息资源服务。学科服务平台的构建与完善，能够有效地将学科服务渗透到学科用户的信息获取、利用、交流学习的物理空间与虚拟空间，保证学科服务的全面性与高效性，提高学科服务的品质。

学科服务平台是一个综合性平台，它既能够展示图书馆馆藏资源，又能够实时链接学科导航资源；它既是学科资源组织管理的平台，也是学科信息发布的平台。它整合了图书馆实体文献资源与网络信息资源，既能够为学科用户与学科馆员提供交流沟通的机会，也能够实现知识挖掘、学科知识导航等个性化定制服务。学科服务平台能够对学科用户学术进行需求跟踪，迅速进行知识资源检索与定位，准确高效地供应其需求的专业知识与服务。

（二）学科服务平台的组成

对于学科服务对象来说，学科服务平台是一个服务载体；对于学科服务实施主体来说，学科服务平台是工作开展的渠道。学科服务平台的建设、维护和完善必须立足于各图书馆学科的现状，结合相关学科的建设，引进科研团队，辅助科学研究，充分发挥自身特色，在学科服务平台的设计与架构中反映嵌入式、主动式、个性化和增值化服务理念。目前来看，我国图书馆的学科服务平台建设主要包含物理平台建设和虚拟平台建设两个方面。

1.学科物理平台

学科物理平台是指图书馆为学科用户提供的沟通、学习的实体场所，主要包括实体环境、硬件设施、服务设施和馆藏纸质文献资源等。实体环境中包含多个不同大小、不同功能的服务空间与学习空间，空间的设计主要从学科用户的日常学习行为角度出发，在氛围的营造上采取视觉艺术、声学艺术与色彩艺术相结合的方式，为学科用户提供舒适的学习与研究环境。在保证环境功能不被影响的前提下，可以将多个区域的服务进行交叉，更加便于学科用户之间的相互交流与学习。学科服务物理平台有其特定的组成部分和资源配置，主要包括资源服务区、学科咨询台、独立研究室、数字化工作室、休闲区等。

2.学科服务虚拟平台

在网络信息化时代，学科服务虚拟平台在学科用户的学习与交流中具有重要的作用，它为学科用户提供了在线共享信息知识资源提供了虚拟化场所，使知识的获取更加智能化和高效化。学科服务虚拟平台是互联网新技术运用基础上的一个交互式的开放服务平台，他在提供服务的过程中强调交互性、参与性与共享性，提出学科用户不仅是信息资源的利用者，还是信息资源的生产者与传递者。学科服务虚拟平台是一个动态化的信息资源空间，它的内容资源在不断扩充和更新，这就要求学科馆员妥善地对这一虚拟平台进行维护与管理，关注社会与学术界的新知识、新动态，不断增添新的知识服务项目以满足学科用户不断变化的需求，为学科服务建设提供有力支持。

二、学科服务平台构建

现如今，图书馆的学科性建设不断增强，而学科服务的科学化是保证图书馆学科建设的根本所在，因此，图书馆应建立起与社会学科发展相适应的学科服务系统和行之有效的学科服务平台，以满足自身的转型要求以及学科用户的发展需要。

（一）学科服务平台设计理念

学科服务平台是沟通学科用户与学科馆员之间的纽带，同时为双方的信息交流与学习提供了空间。构建学科服务平台，是实现学科馆员工作开展和学科用户获取信息服务的有效策略。以网络环境为依托，首先，学科服务平台的构建能够对图书馆的学科服务进行有效的宣传与推广，增强图书馆的学术影响力；其次，学科馆员能够利用这一平台处理参考咨询、资源设置等日常工作；最后，学科用户能够通过这一平台获取学科知识与动态信息，可以以讨论的方式对学科专业知识进行深入研究。

学科服务理念是学科服务平台设计与建立的指导思想。学科服务平台的设计必须以学科建设为重点，引入学科的科学研究团队，体现自身特色，参与科研开发过程，体现嵌入式、主动性、个性化、增值性服务意识，展现图书馆的资源优势和特色，以推进服务区域经济、社会发展为方向，培养高层次、高水准的专业人才，以此来建构学科专业系统结构的发展特色和多学科协调发展的专业结构规划，为学科发展创新提供支撑力量。

（二）学科服务物理平台的构建模式

学科服务的物理平台是学科服务工作的现实场所，依靠信息共享空间的实体，以用户为中心，进行一站式服务是当前学科服务理念的重点要求。缺少一定的工作场地，学科馆员很难对学科用户进行组织学习或学术交流与探讨；学科用户之间也难以得到有效的沟通。可以看出，缺少必要的服务场所会对学科服务效果产生很大影响。因此，图书馆必须结合本馆的实际情况，在现有条件基础上，充分运用原有建筑和馆藏资源，依托建设信息共享空间实现学科服务物理平台的构建。

1.学科服务物理平台设计思路

学科服务物理平台的设计思路是在图书馆分馆、资料室、馆藏室等现有实体空间的基础上，按照区域的面积大小规划出不同的功能区，如资源区、学科咨询台、自主学习研究区、数字化操作区、休闲区等，区域规划完成后可配置相应的服务设施。从模块组成上看，各区域与信息共享空间的实体结构基本一致，主要由实体空间、硬件设施和服务设施构成。

2.学科服务物理平台的架构

（1）资源区

图书馆的学科信息资源是开展学科服务工作的基础，同时，种类丰富的学科信息资源也是学科用户开展学科研究的必要前提条件。学科服务物理平台必须有庞大的实体学科信息资源作为支撑，也要具有存放这些实体资源的对应区域与基础服务设施。物理平台上的学科信息资源形式主要有学科专业类书籍、期刊、特色文献材料、科研成果、高价值档案、实用型参考书、工具书、百科全书、休闲类期刊、照片、音频、视频等专业缩微数据、光盘资源等。

（2）学科咨询台

学科咨询台受理咨询是实现学科服务最基本的途径，通常设置在学科资源服务区。学科用户在进行学习或科研活动时遇到的常识性问题、专业性问题、技术性问题或其他一切与学科学习相关的问题都可以通过学科咨询台寻求帮助。学科馆员在处理学科用户的问题时，应保持热情的服务态度，认真聆听用户的需求，耐心解答用户的问题，提高用户满意度。学科馆员的管理服务范围涉及面对面的实际咨询和网络、电话咨询等形式。

（3）自主学习研究区

自主学习研究区是指学科用户进行独立学习与科学研究的实体区域，它的设置应根据图书馆的实际情况而定。如果图书馆的环境条件允许，可以将学习区与研究区分离开来，如果图书馆没有进行分区的条件，学习区与研究区合并也是可行的。自主学习研究区通常设置为个人学习室、学科专家工作室和小组讨论室等三种形式，其中，个人学习室与学科专家工作室对环境的要求较高，应该与小组讨论室分离开，保证环境的安静。

个人学习室主要供学生使用，用于学生检索文献、浏览网络（局域网、Internet等）信息资源、论文写作、模拟实验操作等，为学生提供适合个人思考和创作的安静空间。学习室内配备了无线网络接口和相应的电脑桌椅等公用设施，用户可以利用自带的笔记本电脑或者租用图书馆内电脑进行学习。

学科专家工作室主要供具有重要科研任务的用户或群体使用，通常安排一人一室或同一科研项目一室，工作室内一般会配置高性能电脑及附件、装配适合科学研究的软件及电脑桌椅等，并且根据科学研究的需要配备相应的文献信息资源。如果图书馆的环境条件有限，可以实施多学科共建共用，充分发挥资源优势。

学科小组讨论室是为满足用户学习、交流、讨论和交流需求而创设的区域，是开展学术辩论、话题讨论的重要场所，能够有效促进学科用户之间进行观念启迪、思维提升、思想碰撞和培养团队合作精神，是学科馆员在交流中发现隐性知识、增加经验的理想场所。讨论室内一般会配备电脑及多台显示器、投影仪、黑板、桌椅等，建筑的尺寸因不同的群体而异。与个人学习室和学科专家工作室相同，学科小组讨论室也可以多学科合作共建共用。

（4）数字化操作区

现代信息技术的发展与普及，人们对数字技术的理解越来越深入，特别是对多媒体制作的重视程度越来越高，这已经成为一项必不可少的能力。图书馆应认清并掌握这一发展趋势带来的契机，及时更新图书馆的物理空间布局，确定适当的位置建立起专门的数字操作区域。在硬件配置上，数字化操作室应能满足常规数字操作和实践演练的要求。例如，室内应配置多个高性能的计算机及附件、必要的网络设施等。除了安装常用软件外，还应装配图像处理、网页制作、音频、视频等多媒体制作管理程序。根据学科服务的需要，还可以安装一些适合相应专业的专用软件，确保实现用户所进行相应研究工作。另外，打印机、复印机、扫描仪、录音机、数码相机、数码相机、大屏幕电视、音响设备等输入和输出设备对于多媒体制作也是必不可少的，由于这些设备价格昂贵，更新速度快，通常可以多个学科共建共用。

数字化教室主要用于学科馆员对学科用户进行与学科服务相关的信息素养培训，提升用户的信息技术素养。此外，数字化教室还可以以预约的形式向用户提供，如进行学术报告、讲座、学科专家传授专业知识、科研方法及培训指导、学习、科研成果展示等，室内应配置电脑、网络接口、投影仪、电子白板、音响等设备。基于资金、场地、使用频率等问题的考虑，可依据需求合作共建共享。

（5）休闲区

休闲区的主要功能是放松用户的精神，区域内应配备舒适的桌椅，还可提供饮品和茶点，甚至可放置少量的报纸或休闲杂志，供读者在学习期间短暂休息。休闲区的环境设置应别具匠心，加以优美的工艺品加以点缀，让人产生舒适之感。用户可以在这一区域尽情享受舒适的环境，也可以在这一区域进行讨论与交流。

一个学科服务物理平台的完整性是由以上几个组成要素共同构成的。由于图书馆的综合实力不同，一些图书馆可能无法完全实现大规模的建设与完善。对于这类情况，可以进行阶段性建设，有计划地进行空间规划，不断加强区域建设以至实现全部物理空间建设。

（三）学科服务虚拟平台建设

在网络信息时代，学科服务虚拟平台为学科用户提供了学习、交流和共享知识的虚拟空间，对于学科服务的开展具有深刻影响。学科服务虚拟平台的建立，使学科服务平台成为一个统一的有机整体。学科服务虚拟平台集学科知识门户、学科导航、RSS定制与推送、网络资源展示、知识挖掘、SDI知识服务等服务功能于一体，是一个需求驱动的学科专业化、智能化服务平台，支撑学科馆员进行学科需求分析，选择和整合以学科为导向和以知识为基础的信息，以及个性化服务的设计和管理。学科服务虚拟平台以学科知识库、数据资源、信息资源库、虚拟学科类别分支平台为基础，连接到个人数字图书馆与个性化信息环境，可以帮助学科馆员深入进行科学研究，跟踪用户需求，及时将个性化服务渗透到用户信息需求环境。学科服务虚拟平台全面贯彻落实了学科化、知识化、个性化、智能化的服务目标，在服务过程中强调学科馆员与学科用户的交流与互动，鼓励用户参与知识生产与传递的全过程。学科服务虚拟平台主要包括以下模块：

1.学科资源

类型多样的学科资源是学科服务的重要基础之一。学科信息资源是学科服务发展的前提条件，学科服务机制的建立、运行和实施离不开学科资源。这里提到的学科信息资源是内容丰富的文献资源保障体系中的专业学科知识信息资源，以学科专题知识库为重点。学科专题知识库是学科信息服务系统中的一种特殊的学科知识集合，是知识型学科信息服务区别于传统文献型信息服务的主要特点之一。学科专题知识库中的知识主要包括显性知识与隐性知识两部分：显性知识是指学科馆员在处理学科用户的问题时可以查找到的已存在的专业知识资源；隐性知识是一方面是指学科馆员自身的隐性知识，另一方面则是指为了解决用户特定问题而运用学科信息资源系统中的显性知识所形成的新知识成果或知识信息。

2.学科门户

学科门户是学科服务平台上最重要的版块，它代表着学科服务平台的门面，主要利用互联网先进技术建立起BBS、学科博客、学科动态、学科人物和学科学术信息推送、虚拟学习社区等。学科门户整合了用户所需的学科知识信息资源，以网络手段为依托将这些信息资源组织和应用于一个可定制的个性化界面中，为用户提供了一个充分满足学术交流需要的网络信息环境，是学科用户最终享受学科服务的必经之路。

3.学科咨询

学科咨询主要包括咨询服务和知识库两类。咨询服务是指学科馆员运用现有的图书馆参考咨询服务台和参考咨询服务模式，为用户提供科学有效的信息服务。知识库是指学科馆员将接受的咨询各类问题进行整合，不断向知识库中增添新的内容，方便学科用户进行自助服务。

4.后台管理系统

后台管理系统是保障学科服务平台正常稳定运行的主要管理功能，它一般会选择性能好、稳定性强、响应速度快的数据库作为数据管理基础，设计程序时遵循方便、易操作的原则要求，以便于日常维护。在系统管理模块内部，主要设置系统参数和权限管理，当学科服务平台需要加入新的学科知识时，需要对平台系统中的参数进行设置，在相应功能中加入新学科知识的相关内容。在系统安全的问题上，可对不同类别的人进行访问权限设置，通常是图书馆馆长与主管领导权限最高，向下依次为学科馆员、其他领导和部门同事，这样就有效地保证了系统数据的安全，同时分工明确，强化了系统操作的稳定性与方便性。后台管理系统能够对各个模块内的信息资源设置特定的检索字段，使系统具有强大的检索功能，进一步提升了学科馆员的工作效率，为学科用户提供了更加快捷、有效的信息获取方式。

第三节 公共图书馆学科服务队伍与学科信息资源建设

一、学科服务队伍构成与组建模式

（一）学科服务队伍的构成

学科服务队伍在学科服务体系中会对学科服务的品质与水平、服务产生的效益等因素造成决定性影响，它是系统中具有主观性与能动性的关键性因素。学科服务队伍的主要成员包括专兼职学科馆员、咨询馆员、图情专家等，其中，专兼职学科馆员是学科服务队伍的核心要素，在学科服务过程中，学科馆员是具体的问题的设计者与规划者，也是学科服务的实际执行者。随着知识信息的飞速发展，用户的需求越来越向专业化、特色化转变，学科馆员的工作内容也越来越复杂。咨询馆员、图情专家等是学科服务队伍中的重要的组成人员，对他们进行全方位分析可以掌握相关学科信息需求，了解更多学科用户的科学研究要求。

（二）学科服务队伍组建模式

学科服务队伍的建设是否科学合理，对学科服务的开展具有直接的作用。科学合理的学科服务队伍会对学科服务的开展产生积极的推动作用；无序、混乱的学科服务队伍将严重阻碍学科服务的正常实施和发展。对于现代图书馆来说，组建一支具有科学性与合理性的学科服务队伍能够有效促进学科服务的高效运转，是当下图书馆建设的一项重要内容。从现代图书馆服务实践上看，组建学科服务队伍主要采用以下两种模式：

1.个体模式

个体模式主要是指一名学科馆员固定对应一个或多个院系，或者安排图情专家，其职责以宣传沟通、资源建设为主，同时深入专业的课题研究过程中，协助完成科学研究工作。但是，个体模式下的学科服务也有一定的缺陷，例如，提供的学科知识信息内容较为单一，缺少与其他学科的互动与交流。因此，为了进一步提升学科服务的认知、提升服务质量和水平，应在单一模式的基础上进行协作式沟通交流，促进学科服务队伍由单一的个体模式向团体模式转变，实现服务效果的最佳化。

2.团体模式

团体模式下的学科服务队伍是一个强调团队协作的专业化队伍，主要包括学科馆员、咨询馆员、普通馆员、学科用户和学术顾问（通常由各学科推荐的学科专家和教授担任）。其中，学科馆员与咨询馆员通常由专职的图书馆员担任，并且要求其具有专业的职业素养与知识技能。图书馆员在学科服务队伍中具有核心作用，其主要负责团队的发展规划、队伍成员的组织协调和相关服务工作的开展。因此，图书馆对于学科馆员应有明确的岗位职责划分和工作内容、目标规定。

二、学科馆员队伍的培养

现如今，图书馆学科服务开展得如火如荼，这就对学科服务中的核心力量——学科馆员提出了更高的要求。从长远发展的角度上看，图书馆应充分发挥文献信息建设的作用，构建具有专业化力量的学科馆员队伍，适应各领域学科的发展与建设需求，创新图书馆服务的形式与内容，特别是要增强对学科馆员制度的认识与利用，充分发挥学科馆员的优势和作用，形成高质量、高水准的学科服务。图书馆学科服务的深入发展，学科服务在用户心中的地位不断提升，对学科馆员的培养已经成为图书馆学科建设的重要内容。学科馆员的培养主要包括对图书馆内现有学科馆员的培养，同时还包括对图书馆引进人员进行人才培养。

（一）学科馆员能力培养内容

培养学科馆员的能力培养涉及多方面的内容：第一，对学科馆员专业知识与能力的培养，主要包括对学科基础知识、理论知识、前沿知识和专业语言知识的培养。第二，对信息能力与信息素养的培养，主要是指信息检索能力、信息处理能力、信息分析能力、现代信息技术能力等。第三，对创新能力的培养，强调学科馆员提高自主学习能力，不断更新自身知识，提升自身的综合水平。第四，进行图情专业思想培养和专业技能培训。学科馆员必须研究学科的基本理论和学科的发展趋势，才能更好地进行学科用户及其信息需求研究。第五，加强对学科馆员专业意识和专业素养的培养，使学科馆员形成强烈的职业责任感、职业使命感和荣誉感，加强对学科馆员的职业道德教育。

（二）对现有馆员的培养

1.通过自主学习获得自我培养

随着计算机技术、网络信息技术的发展，社会各领域的知识资源频繁更迭，知识推新与换代的速度加快，面对这一社会现象，图书馆学科服务要紧跟社会与技术发展的步伐，始终保持知识的高度先进性与丰富性。作为学科服务核心力量的学科馆员必须建立起终身学习的观念，不断更新自身的知识体系，不断在实践中掌握学科服务中心所需的新技术，新理论，新方法和新知识，以提升个人专业知识水平与素养推进学科服务水平的提升。学科馆员本身具有很强的自主学习能力和知识获取能力，对待新知识、新技术较一般用户能够更快地吸收和接纳，同时，图书馆为学科馆员能力的提升营造了优越的知识环境，能够为学科馆员提供必要的文献信息资源、先进的技术设备和良好的学习氛围。学科馆员服务的主要对象是学科用户，这类用户本身具有一定的学科知识以及科研能力，学科馆员在为这类人提供学科服务时会受到他们学术能力、科研能力甚至是学术精神的影响，这对于学科馆员来说也是进行自我提升的重要途径。

学科馆员进行自主学习的途径有很多，除了可以进行日常的阅读、研究文献资料之外，还可以抓住机会与学科用户或专家进行深层次的探讨，参与相关的知识讲座等，都可以实现自我学习能力与水平的提升，为更好地提供学科服务做铺垫。

2.通过培训获取培养机会

（1）馆内培训

为了加强学科服务队伍建设，图书馆可以依据自身的实际情况建立起知识经验交流体系，增强内部人员沟通，适时为学科服务队伍提供参与专业知识讲座的机会，促进旧知识的完善与新知识的接收。图书馆可以定期举办内部经验交流会，将不同专业、不同类别的学科馆员聚在一起进行自身服务经验传递。同时推动"以老带新"的机制建设，让经验丰富的优秀学科馆员带动新学科馆员，传授从事学科服务的工作经验，为新学科馆员开展日后的学科服务工作做好准备。

（2）馆外培训

为了让学科馆员开阔眼界，积累经验，图书馆可以有计划、有组织地安排学科馆员去往相应的馆外培训机构进行知识技能培训，或感受其他图书馆的学科服务建设，使许可馆员能够增长见闻、了解学科发展动态，推进学科服务创新。馆外培训的主要形式有以下几种。

①学科服务经验交流报告会。

学科服务经验交流报告会集中了优秀的学科馆员以及学科服务工作者的最

新、最实用的工作实践经验，在会议上，来自各馆的学科馆员可以互相探讨、研究，从中挖掘各馆在学科服务中的成功经验，去粗取精，去伪存真，为本馆所用。

②学科馆员培训班或到学科服务开展得好的馆去观摩学习。

学科馆员培训班的设立为学科馆员的学习与成长提供了平台，学科馆员可以在这一平台快速掌握学科服务的相关技能，提高学科服务能力。到学科服务开展得好的图书馆进行观摩学习，可以向经验丰富的学科馆员学习相关知识，以迅速提升自身的学科服务能力，推动本馆的学科服务建设。

（三）引进图书馆专业人才

随着社会研究与学科领域知识的不断扩展，学科服务的内容与形式不断更新，仅仅依靠图书馆现有的学科服务人员队伍无法满足社会与学科服务的实际需求。因此，图书馆需要引进专业的高素质人才，加入学科馆员队伍中，不断增强学科馆员队伍的能力与素质，完善学科馆员队伍的结构，推进学科服务水平的整体提升。

（四）外聘资深学科专家兼职学科馆员

资深的学科专家是先进学术知识的掌握者与传播者，他们通常是具有很高学术造诣的人员，在其学术领域具有一定的威望，在其长时间的学术研究过程中总结了相当多的学术经验。聘请这些专家作为图书馆学科服务队伍的成员，可以为学科服务带来更具权威性、学术性和指导性的学科信息。但是这些专家通常不具备学科服务的经验与条件，因此，对这些专家也要进行相关能力的培养，如信息能力，技术操作能力以及参考咨询服务能力等。只有这样才能够使学科专家在图书馆学科服务建设中发挥最大作用。

三、学科信息资源建设的策略

（一）建立完善的学科信息资源保障体系

为学科建设提供有效的信息资源保障，图书馆必须建立健全的学科信息资源保障体系，确定学科信息资源建设的目标、范围和计划等。首先，图书馆应建立起由图书馆高层领导、学科专家和图书馆专业人员组成的学科信息资源建设委员会，指导学科信息资源建设；其次，图书馆要明确本馆的级别、专业层面、服务范围、服务群体、科研重点等方面，依照本馆的实际情况设定发展目标与方向，确立学科信息资源进馆的原则、标准等；再次，要依据图书馆自身的经费条件等设置详细的经费计划，加强重点学科文献资源建设，保证图书馆的重点学科建设中具备足够的资金支撑，着重确保重点学科信息资源形式、种类和数量尽可能完整；最后，图书馆应加强与其重点学科的学术联系，与重点学科建立起互相支撑、共同发展的良好平衡关系。

（二）加大对重点学科文献购置经费的投入

随着科学技术的发展，网络资源的丰富，电子文献开始出现并且得到了很大范围的应用，这对于图书馆来说是一个很大的冲击。知识信息量的增大，学科水平的不断提高，使得各类书刊与文献数据库的价格提高，面临日益发展的电子文献信息并不具备优势。因此，图书馆应最大限度地争取经费支持，保证在学科信息资源建设的经费投入。同时，经费的设置要科学合理，对于重点学科与非重点学科之间的经费投入比例要进行全方位的权衡，保证学科信息资源建设能够全面、系统地开展，最终促进图书馆特色资源库的建设。

（三）优化资源结构，建立学科特色资源

图书馆要依据自身研究的重点专业、重点学科的特点进行文献信息收集与整理，确保图书馆馆藏文献的完整化与特色化，形成具有图书馆特色馆藏学科信息资源布局。

1.重视学科专业核心期刊的收藏

核心期刊是重点学科文献中的核心力量，其内容专业的信息内容丰富，学术内涵水平高，研究成果往往能够反映出该学科或领域所具有的前沿水准，能够得到该领域学者与用户的一致认可，对用户的知识研究内容与方向有很大影响，是重点学科文献收藏的首要对象。

2.重视"灰色文献"的收集

"灰色文献"是一种新型的信息形式，它通常不对外公开出版，但是所涉及的内容相当广泛，观念新颖、见解独到，是目前国内外图书情报界公认的重点情报源之一。

3.加强数字资源建设

在当今社会，数字资源建设相对于馆藏文献资源建设来说更具有实用性和必要性，数字资源建设包括学科数据库的建设，同时也包括网络学科资源的导航、学科机构知识库建设、学科新闻报道等。图书馆应充分运用自身的资源优势与技术优势，对网络中的资源进行组织与加工，为学科用户提供便捷、实时的学科服务。图书馆可以根据自身的学科重点，建设具有特色的馆藏资源数据库，最大限度地体现图书馆馆藏信息资源，为学科用户提供多元化的信息服务。

第四节 公共图书馆学科服务评价

一、学科服务评价的目的

图书馆学科服务评价在一定价值观念引导下，以一定的技术和方法对图书馆服务的所有信息进行收集，并根据这些信息对服务过程和效果的作用进行客观衡量和价值判断。学科服务评价是图书馆工作规划中的一个重要环节，是实现图书馆服务目标的重要方式。学科服务评价的目的在于：

（一）指明服务方向，创新服务理念

学科服务方向是指从图书馆的管理运行体制到服务内容与服务手段都应体现图书馆学科建设服务的需求，最终为图书馆发展服务。服务评价可以对服务方向是否正确、服务手段是否合理进行判定。学科服务评价需要认定学科服务的计划、目标与发展方向，了解学科服务的思想建设，分析学科服务管理的过程，检验学科服务的最终成果。利用服务评价，矫正学科服务设计与开展时的不足，引导其向正确的方向发展、前进。

（二）改善服务条件

图书馆服务条件是指实施学科服务的物质条件，如学科服务的场所、设施、人员、资金等，服务条件的好坏会对学科服务工作造成直接影响。通常一个物质条件优越的图书馆，其服务质量与服务水平相对于物质条件差的图书馆要更高。然而，服务条件应与图书馆的实际情况相适应，条件的改善应与学科服务工作同步开展。如果学科服务的基本条件超出工作需要是一种资源的浪费；如果学科的基本条件不能满足工作的基本需求，那么必然会阻碍工作的进行。因此，应对服务过程中的相关因素进行科学评价，找出薄弱环节，并在此基础上制定改进措施。对于图书馆来说，学科评价能够准确判断出学科服务条件中的不适应的因素，对于这些因素可以加以优先改善。

（三）优化管理过程

学科服务管理是学科服务正常进行和有效实施的重点，是学科服务的重要保障和可持续发展的支撑力量。对图书馆学科服务管理过程的评价，主要指对学科服务管理过程中形成的数据信息进行统计与分析。另外，对学科服务管理过程进行定性和定量分析，可以使学科服务管理更加高效合理，进而优化学科服务管理过程。

（四）提高服务质量

图书馆的服务质量是指图书馆进行服务的过程与服务产生的最终效果的优劣程度，表现为服务取得的效益多少、达到目标的程度以及问题解决的情况，最终反映在用户和服务组织双方的满意程度上。服务质量的高低一方面取决于图书馆服务能力上，另一方面还体现在用户在接受服务过程中的心理感受上，用户是服务的直接接受者，如果用户能够主观感受到服务，并肯定服务带来的效果，那么就证明图书馆的服务质量较高，用户的满意度较好。学科服务是伴随着用户的实际需求而出现和发展的，学科服务缺少了用户或者用户的满意和满足就很难立足。以学科用户的满意度对学科服务进行客观评价是科学、公正、合理的，它降低了图书馆管理者对学科服务评价过程中的主观性，使得学科服务评价结果更具有说服力。同时，用户对学科服务的满意度可以使图书馆学科服务机制的不足与缺陷显现出来，引导学科服务进行内容与形式上的转变与更新。将学科用户作为学科服务评价的重要群体，可以让更多的用户充分了解学科服务，激发学科用户参与学科服务的热情，树立主人翁意识。另外，学科用户作为学科服务评价的主体，能够有效监督学科服务的过程，对于推进学科服务开展、提升学科服务水平具有重要意义。

（五）提供决策依据

学科服务评价是了解用户对学科服务内在感受的有效途径，通过评价可以进一步了解用户对学科服务的真实需求，促进学科服务的完善与发展。学科服务的开展应与学科建设的客观实际相结合，学科服务的内容、方式与范围应与图书馆的可持续发展需要相适应。因此，图书馆在进行学科服务决策时，要对学科服务评价结果进行充分的调查与论证，对调查的结果进行全方位的分析与判断，根据有效的评价结果改善现有学科服务过程中的不足，推进学科服务内容的转变，为学科服务的深层次发展提供依据，为图书馆管理者决策提供可靠的证据。

二、学科服务评价的意义

（一）有利于学科服务工作的整体优化

学科服务评价是图书馆学科服务体系中必不可少的环节，是促进学科服务进一步优化的保障。总体来说，学科服务评价充分考虑了学科服务体系中各层次之间的联系，是结合学科服务现状和实际工作目标，对学科服务过程中各项工作内容的综合性评价。在对学科服务的评价过程中，同时也会引起图书馆管理者与馆员的关注，进而更容易发现不同角度、不同层面的优势与不足，全方位加强对图书馆学科服务的认识，对学科服务机制中的缺陷与不足进行针对性地改善与优化，为图书馆学科服务发展奠定了良好的基础。

（二）有利于丰富学科资源

学科资源建设是图书馆的根本任务之一，学科服务的开展需要得到学科资源的支撑。为了充分发挥学科资源的优势，保证学科资源建设符合学科用户的基本需要，为学科建设提供必要的资源保障，图书馆必须建立相应的学科服务评价标准，对学科资源的标准、原则、结构、规模、类型、数量、内容、质量、价值以及学科馆员选择资源的方式、资源现状、学科资源需求等多个方面进行科学、系统的评判，对学科资源中存在的不足进行进一步完善。

（三）有利于提升学科服务的质量和效果

科学客观的学科服务评价是提高学科服务质量的重要保障。通过经常性的学科服务质量评价，了解学术用户对服务的认同度、满意度，找出服务中的不足之处，不适应学科服务之处，进行适当的调整和改善，使环境布局更加明确，设备配置更合理，工作方法更加科学，工作任务更加清晰，工作内容更加合理，从而使学科服务机制更加全面、系统，实现服务机制的最优化。

（四）有利于图书馆社会地位提升

学科服务评价既是一个改造、完善图书馆自身服务机制的过程，同时也是一个宣传图书馆服务的过程。通过服务评价，可以增强学科用户对图书馆的认同感和满意度，引起社会与国家对图书馆的重视，有助于进一步帮助图书馆更新设备设施，优化学术环境，改进服务方式，优化学科服务质量。同时，学科服务机制的完善有助于培养学科馆员的工作积极性，不断根据变化的形势转变自身的服务态度与方法，全身心为用户服务，以获得更多的用户认同，进一步提升图书馆的社会地位。

三、学科服务评价指标的构建

为了保证学科服务评价的顺利实施，必须建立一套能够保证预期目标实现与服务效果衡量的有效的指标体系。评价指标体系中集中反映了学科服务评价的内容和评价方法，必然会直接对评价结果产生影响。因此，科学、合理的学科服务评价指标的构建势在必行。

（一）学科服务评价指标构建的要求

在对学科服务评价指标进行设计时，需要从图书馆学科服务的性质、特色与方法等方面出发，确定既切合实际又符合长远发展规划的评价指标，使评价结果能够切实反映学科服务的水平和质量。通常情况下，学科服务评价的构建应符合以下要求：

1.科学合理

学科服务评价指标的设计要以科学合理为基础，从学科服务的现实情况出发，确定符合学科服务发展方向、准确衡量和反映学科服务规律和趋势的指标体系与原则，保证指标体系设置的科学性与合理性。

2.全面系统

学科服务工作是一个完整的、系统的过程，学科服务指标的构建也应从学科服务的整体出发，全面、系统地展现评价对象的基本情况。随着学科服务的广泛开展，学科服务评价的内容也日渐增多，这就要求在设计学科服务评价指标时，要从服务的整体性出发，充分地考虑到学科服务工作的方方面面，是评价结果尽可能准确和可靠。

3.简练可操作

这里所说的简练可操作是指标体系在全面系统的基础上应尽可能清晰、精练且可操作性强。进行指标体系设计时要分清主次，对重要的、影响较大的加以详细阐述，有些次要的、偶然性的尽量不放置在体系内，力求指标体系内容能够既全面又细化，同时具有可操作性。

（二）学科服务评价指标设置原则

1.现实性与前瞻性相结合的原则

服务评价是一项有意识、有目的的活动，通过对图书馆学科服务的现状进行评价，使图书馆学科服务不断完善与发展。因此，在设置评价指标时，应该结合图书馆学科服务的现实情况，通过评价为服务工作开展指明方向，同时还要了解未来学科服务发展态势，制定出具有前瞻性的学科服务评价指标体系，确定学科服务日后的发展目标与重点。

2.定量与定性相结合的原则

客观存在的一切事物都是质和量的统一，当量积累到一定程度上时就会产生质的飞跃，学科服务也不例外。在学科服务评价时，最直接的形式就是指标量化。为了保证评价在更充分的基础上进行，增强其可信度，在评价指标制定时，主要应以定量指标为主，定性指标为辅，尽可能将各项指标进行定量阐述。然而在具体操作中，很多指标是无法进行定量阐述的，因此需要先定性后再进行定量，如此间接地获取量化数据。

3.静态与动态相结合的原则

静态指标展现的是学科服务在某一时间节点上的情况，动态指标展现的是学科服务在某一段时间内的情况。为了保证评价结果的科学性与合理性，学科服务评价既不能停留在某一时间节点上，也不能只关注某一时间段上，而是应从整体发展出发进行权衡考量。因此，在对评价指标设计时必须坚持静态与动态相结合的原则，通过对比各个时段的变化程度来反映学科服务的整体情况。

4.整体与部分相结合的原则

学科服务作为一项全面、系统的工程，是由各个子系统与工作要素共同组成的，学科服务的开展是多方面要素互相联系、共同作用的结果。因此，在进行学科服务评价指标设计时，不仅要考虑学科服务的整体性，同时也要将学科服务系统的各要素进行层次划分，建立起不同层次的子评价指标体系，通过评价对学科服务的各环节进行优化与改善，保证学科服务体系的完整性与稳定性。

四、学科服务评价方法

（一）经验评价法

经验评价法主要以人的实际经验作为评价的标准，包括观察分析法和调查研究法等，通常用于工作检查与工作总结中。由于人的主观意识不同，这种评价方法受到人的经验、眼界、知识等多方面影响，具有很强的随意性。通过经验评价一般很难得到客观的、有效的评价结果。因此，这种评价方法通常只用于图书馆学科服务发展初期，在日后的发展阶段很少使用。

（二）定性评价法

定性评价法是指在评价者的主观判断基础上，按照已确定的标准对评价对象进行非量化的状态评价，具体包括现场访谈法、问卷调查法、学科专家评价法、对比法等。定性评价方法在一定程度上体现了学科服务的价值，大致上可以反映学科服务的现状，能够处理一些不宜于定量分析的问题。在使用定性评价方法时，由于评价者的知识储备与工作经验的不同，或者评价者对被评价对象有明显的偏颇，评价结果会有很大的差异甚至歪曲。同时，由于缺少相应数量的数据支持，这只是一个抽象性的评价，其说服力也有所不足。因此，在进行定性评价时，一般需要对评价结果进行可靠性分析。

（三）定量评价法

定量评价法是采用数学或统计学的方法，利用一定的数学模型来进行判断的方法，具体包括概率抽样法、模糊评判法等。客观上讲，定量评价法克服和减低了评价者的主观、随意性和价值或利益的偏差，它提供了一系列的客观、精确、清晰的数据，是一种系统、客观的数量分析方法，其评价结果具有很强的可靠性。随着现代计算机技术的发展和应用，定量评价方法已被广泛应用于许多领域，无论是图书馆学科服务评价还是其具体工作评价都广泛应用这种方法进行评价。

第五章　公共图书馆的阅读服务管理

第一节　公共图书馆阅读服务

一、公共图书馆

（一）公共图书馆概念

公共图书馆是由国家中央或地方政府管理、资助和支持的，免费为社会公众服务的图书馆。公共图书馆是为市民服务的图书馆，一般由政府税收来支持。公共图书馆与专业图书馆不同，公共图书馆的服务对象可以针对儿童到成人，即所有的普通居民。公共图书馆提供非专业的图书、公共信息、互联网的连接及图书馆教育。公共图书馆也会收集与当地地方特色有关的书籍和资讯，并提供社区活动的场所。公共图书馆是一个国家或地区的文化信息中心，具有十分重要的地位。它担负着保存人类文化遗产、传播先进文化、开展社会教育、引导大众阅读等重要社会职能，是公民终身学习和接受继续教育的学校和场所，在推动社会发展中发挥着重要的作用。

（二）公共图书馆服务体系

1.公共图书馆服务体系概念

公共图书服务体系是公共图书馆运行和服务的模式或机制。公共图书馆服务体系是指一个国家或地区的公共图书馆独立或通过合作方式提供的图书馆服务的综合。公共图书馆服务体系是所有公共图书馆加上任何形式的合作平台形成的非营利性的、实现资源共享，传播先进文化，以保障大众基本书化需求的社会公共文化服务体系。

2.公共图书馆服务体系基本特征

从公共图书馆服务体系本质属性来看，它是一种具有意识形态性、公益性、社会性等复合属性的公共品，主要体现在以下三方面：一是公共性特征，以公共部门为拥有主体体现了体系的公共性特征；二是公益性特征，特有的免费服务运行方式体现了体系的公益性特征；三是普遍性特征，以全体民众为服务对象体现了体系的普遍性特征，要求所有人享受均等性的服务。其中，公共图书馆最重要的特性就是公共性与公益性。公共图书馆的公共性、公益性的性质决定了公共图书馆是面向公众的窗口，它是直接免费为群众提供精神食粮的场所，公共图书馆的门槛越低，其公益性、便利性特征就越突出，进馆人数、读书的人就会越多，享受到的图书馆各项服务也就越多。公益性要求每一个图书馆为读者提供免费、便捷、完善的服务，满足大众的不同需求。

二、阅读与公共图书馆阅读服务概述

（一）阅读的含义及阅读主客体分类

1.阅读的含义

阅读是一种主动的过程，是由阅读者根据不同的目的加以调节控制的，陶冶人们的情操，提升自我的修养。阅读是一种理解、领悟、吸收、鉴赏、评价和探究文章的思维过程。阅读可以改变思想，从而可能改变命运。阅读可以使人们从书本上获得知识，提升自己的科学文化水平，促进素质提高，它是促进个人发展一种重要方式。阅读主要具有以下三个作用：一是阅读可以获取知识，大众的知识获取主要靠间接的方式，而书籍正是这个方式的最好承接，它将祖先的生产经验记录下来，让大众得以学习，同时也对大家的知识经验进行记录和保存。人类社会要进步，靠的是知识，而知识的获得还要靠阅读能力的提升来实现；二是阅读能促进技能的形成，人的技能是通过实践来达成的，但离开了理论支撑，技能的形成也将成为一个空壳。阅读是实践性的工具，学校所学的理论将促进他们技能的形成；三是阅读能增长知识，拓宽视线。阅读就是读者通过文字去寻找自己想要的东西，或者是文字中所蕴含的让读者认为有价值的东西。读者在阅读的过程中自然会有意无意地得到其他方面的知识。

2.阅读主体的分类

阅读主体是指有能力进行阅读的人。阅读主体的形成需要具备三方面因素：一是有阅读欲望；二是具备一定阅读能力；三是从事阅读活动。同时具有三要素，才会使阅读主体得以形成。从中我们可以得知，并不是每个独立存在的个人都是阅读主体，其中最重要的界限就是阅读能力。一个人不一定具有阅读能力，要形成这种能力，首先需要他们能够正确认知文字。这就不包括不认识文字或者脑功能障碍的人，因为他们不能进行阅读且理解文字，所以他们便没有阅读能力，更不能成为阅读主体。同时，阅读主体的进行阅读活动也有一定的限制，虽然他们具有阅读能力，却不能超出他们的接受范围，包括社会经验以及知识的储备等其他因素。比如不具备某种语言能力的人就不能阅读该种语言的文字。还有比如一些只能认识简单文字的幼儿，他们就无法阅读如经济法、会计学以及统计学等专业性强的书籍。

公共图书馆的服务对象极其复杂，在综合考虑了读者的个人因素、活动方式等方面，读者类型的划分可将为以下几种。

（1）未成年人群体

未成年人群体往往有着多种多样的阅读兴趣，公共图书馆所提供的社会公共空间可以有效地激发未成年人利用图书馆的热情和阅读的兴趣，从而提高获取知识的能力。未成年人在公共图书馆学习和阅读的过程中，不仅仅可以实现阅读各类图书的需求，有利于帮助未成年人培养积极的兴趣爱好，形成良好的阅读习惯，充实自己的生活；而且，未成年人可以通过读书会等各种形式的聚会和有着共同兴趣的同龄人以及各类人群相互交流，未成年人可以通过在图书馆中的活动增进自己和家长之间以及未成年人彼此之间的联系，这十分有利于未成年人结交朋友，加强社会交往，参与新的社会角色，十分有利于未成年人的健康发展。

未成年人群在各方面都不够成熟，受外界影响较大，行为上具有较强的可塑性。他们的阅读具有一定的主动性，求知欲较强，阅读的内容较为单一且浅显。

（2）青年读者

此类读者主要是青年人，他们在思想方面处于形成时期，各方面逐渐成熟。他们的思想、观察能力以及自我意识都处在较强的阶段，阅读选择有一定自主性。

（3）科技读者

科技读者指科学技术工作者，他们由处在不同层次的科技工作者组成。他们的阅读专业性强，范围具体明确。

（4）教师读者

教师读者指从事教学工作的读者，他们分布在不同级别、不同类别的各个学校，担负一定的职业使命。他们处在不同层次、不同专业、不同年龄，因此，他们在对阅读文献的选择上依据不同的内容与范围、利用的深度以及阅读的范围在一定程度上存在差异性，对资源的利用方式也会有所不同。

（5）工人读者

工人读者是指分布在各个企业、交通、服务行业等其他领域的工人队伍。此类型的人数比较多，其构成也比较复杂多样。工人读者对阅读的需求具有差异性，对阅读的深度及内容的选择也具有一定程度的差异性。

（6）农民读者

农民的人口数在我国占有很大的比重，这一部分的读者是我国公共图书馆最潜在的读者群体。随着当前科学技术的进步以及农民对知识的需要日益加深，农民读者的阅读需求随之日益增强。

（7）军人读者

军人读者在文献需求上通常是以政治理论、军事技术为主要内容。

（8）居民读者

居民读者主要包括各行业的职工，退休、离休的居民以及各种闲散人员。

（9）残疾读者

残疾读者是特殊的读者群，他们虽然在生理上有一定缺陷，但是却有同正常人一样的阅读需求。

3.阅读客体的分类

根据阅读媒介的不同，其主要可以分为纸质化阅读与数字化阅读。其中，纸质化阅读主要包括图书阅读、报纸阅读以及期刊阅读。而数字化阅读则主要包括移动终端阅读等。随着当前科学技术的不断进步，越来越多的读者选择使用数字化阅读方式进行阅读。伴随着时间的推移，人们越来越体会到，数字化阅读在给人们的阅读带来便利的同时，也更加全面地满足读者的阅读需求。当前，读者可以选择的数字化阅读方式越来越多，数字化阅读的范畴也越来越广，除移动终端阅读外还包括PDF阅读、本地电子书阅读等，与数字阅读类似的称谓，还有超文本阅读、电子阅读、虚拟阅读、电脑阅读、屏幕阅读、超阅读、网上阅读等。

（二）公共图书馆重视阅读服务的意义

1.对读者个人的意义

公共图书馆重视阅读服务，提高服务质量，吸引更多的人进行阅读活动，对于读者个人有十分重大的意义。因为阅读，能够给个人带来智慧，增强个人素质；也对一个国家的生存和发展起着至关重要的作用。阅读活动不仅使我们修身养性，更可以指引人们的人生方向，走出生活困境，使人生更加丰富。人的社会活动离不开阅读，从阅读中，领悟做人的道理，学会为人处世的经验教训，学到生活中的智慧哲学，提高自身的创新能力，提高读者自身的素质。阅读还能激发个人的无限潜能，增强自身竞争能力，使其在激烈的竞争中取胜。

2.对公共图书馆自身的意义

公共图书馆具有进行阅读服务的职能，促进读者的阅读活动的开展是其一项重要的职责。公共图书馆采取一系列的举措以加强其阅读服务，从而激发国民的阅读热情，提升国民的阅读积极性，阅读群体也随之不断扩大。鉴于此，公共图书馆重视阅读服务这一举措对其自身发展也有重大意义。它不仅使公共图书馆更好地发挥其职能，并在实践过程中优化了其职能服务，同时向国民宣传了公共图书馆平等、公共、免费、开放的精神。

3.对社会发展的意义

公共图书馆重视阅读服务，对于社会发展也有重大的意义。国民通过阅读获得知识、文化等信息，从而提升个人的素质水平，而为社会发展注入新鲜血液，以促进社会的发展进步。如果说体育运动可以增强国民的身体素质，那阅读活动就从根本上净化了国民的心灵，提升一个人的整体素质。同时，社会环境与阅读活动是相辅相成的，社会环境关系到能否提供良好的阅读氛围，而阅读活动的积极开展使国民素质得到提高，又会给国民创造良好的社会环境。国民阅读率可以说是一个国家阅读水平高低的标志，它在一定程度上反映了一个国家的阅读水平。它反映着一个国家的文化软实力。国民阅读水平的提高，从而使国民的知识储备、创造力等得到提升，它影响、制约着全社会的发展，乃至关系到全人类的进步。作为社会公益文化设施的公共图书馆面对社会大众开放，其服务具有无偿性，在提高国民知识水平、对社会发展方面起着重大的促进作用。

三、公共图书馆阅读服务现状分析

（一）馆内阅读环境方面

公共图书馆的馆内的阅读环境从某种程度上说，对读者的阅读活动也有一定的影响。我国公共图书馆比较传统的阅读环境较为孤立，藏书、借阅、阅览等服务模式是分隔开的，建筑模式是分割的。这种建筑及服务模式就显得过于死板，阻碍了读者的视野。其建筑空间也较为狭隘。这样不仅会使读者感到压抑烦闷，影响其阅读情绪，还会消耗其阅读热情，使其减少入馆次数。而有些公共图书馆却是刻意追求豪华、气派，片面追求在建筑风格上的"高大上"，而忽视了最重要的经济、实用。这样的风格却走上了另一种极端，即过于重视环境的重要性而忽略了实质性的要求。有些公共图书馆甚至削减其他支出，而刻意追求装饰的美轮美奂，过多地强调层次性及高度等。而这导致的直接后果就是，使用面积减小，抢占其他必需的支出从而造成资源浪费，降低公共图书馆的工作效率，减弱公共图书馆的服务水平。

与此同时，当前我国大部分公共图书馆通常会忽略无障碍环境的建设。残疾人虽然在身体上有残缺，但是也无法阻挡他们对阅读的热爱，他们应当享受公平待遇。而正因为他们自身这些不足，本应享有的服务却无法享受，公共图书馆应该为他们的阅读创造条件，让他们真正地享有阅读的权利。而有些公共图书馆却从来不会立足于这些残疾人，没有完善的无障碍设施，有些公共图书馆甚至没有建造无障碍设施。有的公共图书馆即使建立了一些无障碍设施，也因没有按照规范标准而建立得不适当，不具有系统性、规范性，而使这些设施成为摆设。这些设施的存在不仅没有体现其功能，发挥使用效益，更是对人力、物力造成了极大的浪费。相关法律法规不健全，没有专门的机构及人员负责监管，这些都不利于无障碍设施的建设。残疾人属于弱势群体，本该受到照顾的他们却没得到应有的人文关怀，公共图书馆无障碍设施的不完善，对这一部分读者进入公共图书馆阅读造成困难，这是他们选择公共图书馆阅读的一大阻碍。

（二）读者阅读需求方面

阅读兴趣是读者进行阅读活动的强大动力，它对阅读起重要的推动作用。但是大多数图书馆馆员缺乏与读者的沟通，并没有切实地去了解读者个人，对于读者的需求毫不知晓。然而读者选择公共图书馆进行阅读，是为了获得知识，满足个人的阅读需求。对于作为独立个体的读者来说，每个人的年龄、所处阶段、所处环境、教育背景以及兴趣爱好等都不尽相同，作为公共图书馆，应当对读者有一定的了解，只有这样才能更好地满足读者需求。在充分了解读者需求差异的基础上，还应为读者探索个性化服务，根据读者的不同特征，提供具有针对性的服务。随着当前科学技术进步，社会环境的变化，人们的阅读习惯也在不断变化，人们阅读使用的媒介也有所改变，现今越来越多的读者使用数字化阅读。纸质阅读方式，需要读者用手进行翻页，一页页地进行阅读，此种阅读过程较为严谨，并有一定的连贯性。而数字化阅读则需要读者借助于计算机、手机和电子阅读器等设备，而进行一系列的检索、链接等操作，从中获得信息。数字化阅读方式更加高效迅速，广受读者的青睐。读者是公共图书馆的主体。如今，公共图书馆对读者需求的变化、分析、跟踪还远远不够。公共图书馆往往对读者阅读需求的变化缺乏足够的了解，对数字化建设缺乏长远的战略眼光。

（三）阅读推广形式方面

我国的公共图书馆在阅读推广活动中已做出了一定成绩，但是也存在一些局限性。比如，专门的、具有针对性的阅读推广活动较少，举办的阅读推广活动较为单一。许多公共图书馆的阅读推广活动忽略了个人特色，对具体的阅读对象不了解。不同的读者，其心理及兴趣等是不尽相同的。如青少年儿童与老人，工人与农民等他们的需求截然不同的。因此，公共图书馆在设置阅读推广活动过程中应该充分考虑各个层次的阅读需求，制定并开展专门性的阅读推广活动，壮大公共图书馆的读者队伍。同时，我国公共图书馆的阅读推广服务在各个地区也应有所区别，东部一线城市及东南沿海地区公共图书馆开展阅读推广服务的层次较高，活动形式比较多样，运用了数字化科学技术；经济欠发达地区的公共图书馆服务水平不高，活动形式单一，缺乏新颖性、创造性，阅读推广活动一般通过图书馆的网站发布，公众获取阅读推广的信息不够通畅，导致宣传力度不够，不能最大限度地吸引人们参加。

四、公共图书馆加强阅读服务的应对策略

（一）改善公共图书馆阅读环境

1.改善馆舍环境

在空间布局上，要让读者有开阔的视野，使得他们在进入馆内时，可以对所藏图书一览无余。这就需要采用藏、借、阅一体的空间布局，建筑设计上采用大开间的布局，开放性的模式首先给读者带来视觉上的冲击。所有的文献资料都采用全天候开架阅览，使读者更加全面、立体地置身于书海中。传统的封闭模式有高大的墙壁阻隔，查找多个文献资料还需要穿梭于各个不同分类的借阅室中。同时，这种传统的模式对于员工数量上也有更高的要求，这样就使馆员不能得到优化配置。而这种开放式的布局则不仅能使读者视野开阔，为读者带来便利，也会提高图书馆员的工作效率，形成管理开明的高度开放局面。同时，在条件允许的情况下，公共图书馆建筑方面可以兼顾艺术与实用。在建筑外观上，设计得更加美观，以达到吸引读者的作用。在室内设计上，公共图书馆可以使用明亮颜色的壁纸与地板，书架、桌椅美观、大方，使馆内读者感到轻松、愉悦，以激发读者的阅读热情。公共图书馆内外环境应宁静优雅、温馨惬意，重视馆内外的美化及绿化工作，为馆内读者创造良好的阅读氛围。

2.提供无障碍阅读

公共图书馆设计人员要有无障碍设计的思想。设身处地地为残疾读者着想，从其角度出发。根据残疾读者的个人具体需求进行设计，要做到投有所用。需要建立专门的轮椅通道、标记特殊的触摸符号以及设置专用厕所等这些无障碍设施，以更好地为残疾人读者提供更好的服务。当然，安全问题更是在建设中需要重点考虑的因素，要设计适合残疾读者逃生的设施。同时，在建设过程中，功能要明确划分，根据残疾读者的个人需求，要尽量避免因相互交错给残疾读者的阅读活动带来负担。在内部空间的设计上，要具有全面性。设计人员要充分考虑未来的发展趋势，以便日后的翻新及改造。同时无障碍设计要具有前瞻性，能够在相当长的时间内为残疾人读者提供服务，满足用户的需求，以减少对资源的浪费。要经常性且固定的清洁及维护残疾人专用设施，以保证设施可以正常使用；设有专

人负责清理通道处的杂物，以免妨碍残疾人读者的出入；要及时地清理垃圾，以免影响残疾人读者的正常活动；要采取优先残疾人读者策略，为方便残疾人读者的借阅活动，应为其提供推车等工具；针对占用残疾人专用设施的普通读者，要进行提醒及劝阻。

3.提高馆员素质

公共图书馆的馆员素质也是影响公共图书馆环境的重要因素之一，优质的服务可以为公共图书馆创造一个良好的阅读环境，一个轻松愉悦的阅读氛围。当然，最重要的就是提高馆员的素质。图书馆要积极组织对馆员的培训工作，使其在业务水平以及个人素质上都能有一定程度的提高。图书馆要实行奖惩措施，使馆员具有一定的紧迫感，从而激发馆员的工作热情，使其更加尽心尽力地为读者服务。图书馆要培养馆员的服务意识，贯彻落实无障碍服务观念，加强残疾人的服务措施，全心全意地为读者解答在借阅过程中的各种困难。同时，随着当前数字化愈加受到追捧，数字化阅读越来越受到关注，公共图书馆需要引进既懂计算机又精通图书馆学的人员。因此，图书馆要加紧进行馆员结构的调整，改变以往单一的专业素养，使公共图书馆馆员的知识构成更加多样化，以适应不断发展的时代需求。与此同时，对于公共图书馆的既有馆员，图书馆也应定期组织对他们进行计算机知识的灌输。

（二）开展阅读推广活动

1.主题阅读

目前，我国公共图书馆在各个方面都有待完善，其自身的宣传力度也不足，这些制约着阅读推广活动的开展。其中，主题阅读是公共图书馆阅读推广活动的重要手段。主题阅读活动是阅读推广活动的一个重要举措，它对于阅读推广活动的顺利开展起着至关重要的作用。一是公共图书馆应抓住社会热点，了解大众的兴趣点，相应地开展阅读活动，提高读者参与的热情。举办针对热点的主题征文及竞猜活动，为优胜者提供奖品，从而吸引更多的读者积极参与其中。二是公共图书馆可以利用节日举行主题活动。

2.读者俱乐部

服务性的读者俱乐部其活动内容有：举办各种形式的书展、读书讨论会、报告会、学术讨论会、文学座谈会等。

读者俱乐部按范围分，有综合图书俱乐部和专业图书俱乐部；按对象分，有成人图书俱乐部、青少年图书俱乐部和妇女图书俱乐部。设立读者俱乐部，是公共图书馆阅读推广活动的重要方式，它具有公益性和服务性。它在一定程度上不仅可以使越来越多的读者参与其中，更多地利用公共图书馆，也会吸引更多的人主动走进公共图书馆。俱乐部的活动氛围较为轻松，读者可以共同讨论有关事项，积极听取各方意见建议，确定活动主题；读者俱乐部负责的活动具有多样性，主要有宣传、组织阅读活动，以及订立活动规则等一系列服务。读者俱乐部拉近了读者之间的距离，使读者之间更加亲近，便于彼此的沟通学习。俱乐部根据不同的标准分类，成立不同的部门机构，以更好地聚集同一标准的读者，他们组成联盟，更有针对性地进行活动。这种服务形式具有显著优势：一方面，它是以共同的兴趣爱好为单位，组成各个不同的部门，它的分类标准较为鲜明。会员之间交流频繁，联系较为紧密，使活动可以高效地开展；另一方面，由于活动氛围较为轻松愉快，每次制订的主题，都可以相互之间商讨拟定，不存在一家独大的现象，迎合多数人的趣味，充分体现了民主原则，激发读者阅读热情。

3.名家讲座

随着社会的发展，许多文化经营企业都拓展服务范围。例如，书店也举办各种类型的讲座，展示讲座内容和图书，这样既可为书店的图书开拓销售渠道，又可以使读者领略文化的历史纵深感，同时也缓解了图书馆独家举办公益讲座，受到一些读者的欢迎。名家讲座的阅读推广模式，可以为人们获取专业知识，提升自我修养提供更多的可能性。这种模式逐渐成为公共图书馆进行阅读推广活动的主要方式，并在发展过程中去糟取精，发展日趋完善，逐渐改变了公共图书馆被动的状态。公共图书馆的名家讲座活动是阅读推广活动中重要的途径之一，是各个公共图书馆的热门选择。

名家讲座是重要阅读推广形式，主要原因在于以下五个方面：

（1）名家讲座具有公益性

名家讲座具有公益性，所涉及的读者范围较为广泛，它的免费性能被各个阶层、文化程度存在差异等不同类型的读者所接受。

（2）名家讲座提升公共文化活动品质

讲座的老师通常具有一定的威望，实力不容小觑，具有较高的影响力，这足够吸引更多的读者参与其中。主讲人通常都是某个领域或某个学科中的大家、翘楚，这样的人物参与到公共文化活动中，是最能提升公共文化活动品质的，其主要有以下四个原因：一是他们站在某个学科的巅峰或某个领域的最前沿，眼光的前瞻、知识的积累都是其所从事的学科或领域中的代表，尤其是他们取得的成就，对公众来说有着足够的吸引力；二是由于学识的积累、资讯的丰富，他们一般能对所属的学科或行业给出比较全面的论述，讲述的内容更翔实，更具权威性，讲座的风格更贴近公众，毕竟公众不是如他们一样的专业人员；三是依据传播学中名人的示范和引领作用，公众对名师、名人的观点、讲述更容易倾听、接受；四是源于第一点和第二点，他们的讲座对公共文化的品质提升有着巨大的甚至是直接的作用，有时甚至能影响或改变具体的听众，这一点有太多的例子。因此，图书馆讲座从其活动内容上来说，在公共文化活动中是有着高端性的；从公共经济学角度来说，其直接对公众授业解惑，边际效应更大。

（3）内容具有趣味性

名家讲座的内容也多是公众较为感兴趣的方面，与人们的学习、生活等方面息息相关，这也是吸引人们参与其中的重要原因。

（4）名家讲座拉近读者

讲座定期举办，提前公布每期的主题，使读者有所准备。名家讲座模式，一方面使公共图书馆主动走进读者，拉近与读者的距离，能使读者真正认识公共图书馆。另一方面也吸引人们主动走进公共图书馆进行阅读，讲座加强了图书馆与读者的联系，成为二者连接到纽带。同时，名人效应也发挥重大效力，对读者的阅读活动有一定的指导作用，便于馆藏资源的利用，进而逐渐成为公共图书馆优先选择的阅读推广方式。

（5）名家讲座具有引导性

名家讲座具有引导性、时效性和丰富性，是图书馆服务方式的延伸和拓展，是传播先进文化的渠道之一。

名家讲座能够根据用户的需求，准确地进行"知识定位"，能敏捷地抓住社会热点进行策划，具有很强的现实性和针对性。它是结合时代的发展和社会需求主动进行的知识信息传播，其权威性和影响力大大超过了文献载体，起到了信息传播与知识导航的作用，这是对传统文献服务方式的补充，是图书馆服务方式的延伸和拓展。

4.阅读竞赛

开展阅读竞赛，公共图书馆号召读者参加阅读竞赛，使他们在竞赛中能获得肯定，从而激发他们的阅读热情。作为赞助奖品的各个商家一般都与图书馆有着密切的合作，图书馆在比赛宣传及广告语中，会对赞助商家进行广泛的宣传，赞助商会加大其曝光度。这在一定程度上，使广告商、公共图书馆以及参与者个人都从阅读竞赛中获得了效益，而达到了一种共赢的局面。这一活动对于读者来说是有非常大的动力，可以激发读者阅读的热情，吸引更多的读者选择到公共图书馆进行阅读。

（三）建立基层图书馆阅读服务体系

1.社区图书馆

社区图书馆是为一定地域内的所有居民服务的具有公益性、教育性、休闲性等特征的文献信息集散场所。社区图书馆的功能有：培育社区文化、传递实用信息、开展社会教育、开发闲暇时间。为了吸引更多的读者，拉近读者与图书馆的关系，创造良好的阅读环境，在各个社区建立社区图书馆是其中一个最行之有效的对策。这种图书馆模式为广大社区居民就近阅读提供了便利，吸引读者进行阅读。目前我国的社区图书馆的建设尚不成熟，距离形成完善的服务体系还有很长的路要走。此类图书馆的建设在我国尚在起步阶段，而国外的社区图书馆却历史悠久，有许多成功经验可以汲取。社区图书馆面对不同的读者提供具有针对性的服务。各个公共图书馆应该建立市级图书馆同社区图书馆相结合的模式，一方面使公共图书馆与读者之间的联系更加紧密，另一方面为社区读者阅读提供方便。在社区图书馆建设方面，深圳市图书馆取得的成绩较为显著，它以市、区、街道、社区为核心，设立公共图书馆服务体系，不仅拓宽了图书馆的服务范围，增大了服务对象的覆盖面，也扩大了公共图书馆的读者群体。

社区图书馆建设的必要性，主要体现在以下两点：一是社区图书馆是社区文化建设的基础。现代化的工作节奏，增加了人们的竞争意识和时间观念，同时也为人们提供了更充裕的休整时间，在工作之余，人们需要的是高品位的精神享受，其中就包括阅读。一个完善的社区，图书馆是必不可少的文化基础设施。有了社区图书馆，人们可以在闲暇时间到图书馆来读书看报，不断地充实精神世界；二是社区图书馆是社区精神文明建设的重要载体。随着改革的深入，城市规模不断扩大，同时也扩大了城市的负机能，出现了诸如人口增加、素质下降、青少年犯罪率上升等情况，如果没有社区图书馆，广大群众就缺少一个增长和更新知识的场所，群众的精神生活比较贫乏。建好社区图书馆不仅是物质文明建设的需要，也是精神文明的需要。它通过图书媒介向读者传播精神文明，完成改造人的精神世界，不断提高国民素质的任务，承载着社区精神文明建设的使命。社区图书馆的服务工作除了可以依托中心馆，开展文献借阅（通借通还或集体外借）、代查信息等以外，还应大力开展读书活动，在社区内营造一种爱读书、读好书的氛围，达到开阔社区居民视野，提高居民素质的目的。同时，读书活动也能充分发挥社区图书馆贴近居民的优势，更能体现社区图书馆服务居民的质量水平。

2.农村图书馆

农村图书馆是为农村人口服务的公益机构，具体来说，是指由政府或社会团体（社会团体或个人资助）举办的，受政府管理和控制，建立在农村地区，为广大农村人口的生产、生活、学习和娱乐等服务的基层公共图书馆。在我国，县级以下农村地区的公共图书馆都属于农村图书馆范畴，包括乡镇图书馆、文化站、村级图书馆及具有相同或相似功能的信息、文化机构（如乡村信息中心、乡村图书馆等）。在城市文化生活日益丰富的今天，我国偏远的地区的文化基础设施仍是非常落后，同城市的文化基础设施相比有较大的差距，其具体表现在公共文化产品的极端缺乏。当然，公共图书馆作为其中重要服务单位，发展状况自然不佳，许多农村的图书馆严重匮乏。农民缺少可以阅读的图书，没有可以选择的图书馆。而公共图书馆所体现的精神正是公平、公正、平等和开放。因此，建立农村图书馆，满足农民的阅读需求，是当前亟待解决的问题。农民读者的阅读活动由于地域的局限性，在很大程度上会受到阻碍，这是公共图书馆阅读服务中薄弱的一环。因此，在我国这个农民人口众多的国家，我国公共图书馆要正视这个问题，逐渐重视农村的阅读服务，加快农村图书馆的建设进程。广袤的农村地区缺少真正意义的图书馆，数量众多的农村读者应该与城市居民一样同等地享有公共图书馆所提供的服务。新农村的发展，需要人们素质的提高以及科学文化的汲取。农村图书馆的建设，不仅从整体上提升了国民阅读水平，也在一定程度上缓解了城乡文化权利不均等的矛盾。

我国开展了构建普遍均等的城乡一体化公共图书馆服务体系、文化共享工程、农家书屋工程、公共电子阅览室建设工程等模式的探索，通过社区和乡镇综合文化站、农家书屋开展日常服务及送书下乡活动。因供给渠道单一、保障水平不高、项目范围狭窄、享有对象规模有限、资金缺口大且利用率低、供给效率低等影响，尤其是在向农村基层延伸过程中，受我国农村居民阅读习惯、文化基础设施等因素制约，我国农村图书馆发展现状亟待改善。当前农村图书馆服务未能满足农村居民的主要需求，即与日常生活息息相关的信息需求；信息通信技术应该成为现代农村居民信息的主要获取途径，农村图书馆尚未通过系统的指导与培训解决农村居民获取信息的技术问题；读者阅读能力的培养是提高图书馆利用率的根本方式，这包括对读者阅读行为和阅读习惯的塑造，农村图书馆以提高读者能力为中心的服务任重道远。

我国农村图书馆基础设施和文献资源建设主要通过以下两个途径：一是与社会力量、民间团体、企事业单位合作。政府应积极采取措施引导并鼓励企业与农村图书馆合作建设基础设施和文献资源。企业是社会主义市场经济体制中最强大的经济主体，拥有丰富的资源。企业参助图书馆事业，有利于树立企业公民形象，同时也能有效地解决农村图书馆服务中的投资难题。其他社会力量，如民间团体、事业单位、非政府组织和公益性单位等，也是建设农村图书馆服务体系的重要社会力量。其除了拥有丰富的信息资源外，还拥有大量优秀的人力资源，如学校、部队、各科研院所等均有各具特色的专业信息资源和人才优势，所有这些力量均是建立城乡一体化图书馆服务体系不可或缺的建设力量；二是加强城乡图书馆建设合作。信息时代，农村图书馆不仅要努力加强馆舍建设，以良好的阅读环境吸引更多的读者，为广大读者提供良好的阅读渠道，同时更应为读者提供一个很好的交流互动平台。农村图书馆基础设施建设在馆舍、设备和文献资源建设中要本着多渠道、多方位、多角度的建设方针，配合通信、广播电视等"村村通"工程，充分利用现代信息技术，整合城乡文献资源，实现共建共享。农村图书馆应积极拓展读者服务的领域和范围，开辟一个不受时间、空间限制的崭新的知识传播渠道，满足广大农村居民日益增长的文化信息需求。

3.流动图书馆

传统的流动图书馆，即为巡回书库，定期或不定期地为馆外的读者送书上门或在交通不便的边远地区图书流动站，为当地读者提供图书借阅服务。它具有节约、灵活、快捷、方便、主动等独特的特点，在一定程度上弥补了边远地区图书馆覆盖率不高的不足，是推进社区文化建设的一个创新方式，解决了社区图书室普遍存在的资金有限、藏书量少等问题，既方便社区居民阅读，又营造出传播科学文化知识和图书资源共享的目的。这种流动的服务方式所涉及的地域较广，人群具有多样性，充分体现了公共图书馆平等、开放的精神。流动图书馆的设立，给国民提供了主动进入图书馆阅读的途径，在时间、空间上给予读者便利。

在这个流动图书馆中，不同身份角色的阅读主体都可以找到自己喜欢或需要的书籍来阅读，这种形式让图书主动走入人们的生活中，使阅读成为国民的一种习惯，一种生活的方式。书是知识的源泉，流动图书馆进社区，满足了群众日益增长的文化需求，为唤起人们学习的热情搭建了良好的平台，对丰富社区居民的精神文化生活，提高居民的文化素质，占领社区文化阵地，形成全民读书学习的良好氛围大有裨益；对把社区建成书香浓郁、读书蔚然成风的学习型社区，促进精神文明的建设，无疑将起到积极的作用。

流动图书馆的设立，有许多经验教训可以汲取。一是要对图书进行标准化分类。培训提升管理人员的管理水平。二是在自动化建设方面要得到加强，以节省人力、物力，提高工作效率，为读者阅读提供便利。提升图书馆的数字化水平，在一定程度上提升服务的质量。流动图书馆服务不只是一种图书馆延伸服务，也是普及民众教育的有效方式，流动图书馆这种服务形式有助于盘活文化资源，能有效地解决基层图书馆资金不足、信息资源缺乏的问题，图书馆在实施知识援助、实现全社会信息共享方面具有独特功能，在西部大开发中有着更广阔的发展前景。

在服务管理方面，公共图书馆要根据各个图书流动图书馆所面向的读者的特点以及他们的生活作息习惯，来确定各流动图书馆的服务时间。我国在对流动图书馆的设置中，要有完善的借阅制度等来保证流动图书馆的功能得到最大程度的发挥，优势得到最大限度地运用。工作人员的责任要明确，固守个人岗位，对每个流动站点，公共图书馆与各个站点之间要确立责任义务。流动图书馆以及图书馆员都要对各个环节认真负责，防止图书馆流动图书的流失。在流动图书馆营运期间，定期与所属图书馆或者其他流动图书馆交换书籍，这样不仅可以节约资源、丰富流动图书馆图书资源，也可以让图书流动起来，发挥其最大的作用。

第二节　面对浅阅读现象的公共图书馆对优化阅读服务的思考

一、浅阅读及其特点

（一）浅阅读

自从人类社会开始阅读时起至今，阅读载体和阅读方式不断地经历改变，只要阅读载体发生改变，阅读方式也会发生相应的变化，这种改变具有必然性、进步性、革命性的特点。虽然浅阅读的概念目前还未有统一界定，但作为一种阅读方式，浅阅读古已有之。它是每一个阅读者在阅读过程中或多或少都会使用到的阅读方式，即泛读，即扫描式、浏览式、快速式、跳跃式的阅读。浅阅读就是指阅读不需要思考而采取跳跃式的阅读方法，所谓囫囵吞枣、一目十行、不求甚解，它所追求的是短暂的视觉快感和心灵愉悦。浅阅读是当今阅读的一种趋势和倾向，体现出了网络阅读的一些特性，具有阅读快速、休闲性强、即时共享的特征。浅阅读虽然具有随意性、消遣性、快速性等特点，但并不是没有思考的阅读，而是一种有效的阅读方式。

（二）现代社会浅阅读产生的原因

1.网络环境产生了新大众文化形态

大众文化，是以大众传播媒介（机械媒介和电子媒介）为首，按商品市场规律去运作的、旨在使大量普通市民获得感性愉悦的日常文化形态。从这个意义上来说，通俗诗、报刊连载小说、畅销书、流行音乐、电视剧、电影和广告等无疑属于大众文化。"大众文化"这一概念主要指的是一地区、一社团、一个国家中新近涌现的，被大众所信奉、接受的文化。大众文化往往通过大众化媒体（网络、电视、报纸、杂志等）来传播和表现，尽管这种文化暂时克服了人们在现实中的茫然和孤独感以及生存的危机感，但它也很可能大大降低了人类文化的真正标准，从而在长远的历史中加深人们的异化。

网络技术日益朝着人性化、个性化的方向发展，同时具备了较高的互动性，逐渐融入人们的工作、生活、学习当中。网络技术带来了全新的交流传播平台，在这个平台中，丰富但也无序的信息充斥在生活的每一个角落。在最初发展阶段，人们带着好奇心享受着网络上各种各样的新鲜事物，随着网民的日益增多，网络文化发展呈现出一种新型的文化形态——大众文化。显然，在网络无处不在、无时不有的今天，大众已开始逐步接受了网络文化这一现实。而网络文化的特点之一就是快餐式文化，这一文化特征势必影响到人们的阅读方式，网络环境下的浅阅读成为一种时尚。在新媒体时代，大众将浅阅读定义为人们为了追求阅读娱乐性和海量信息，利用新媒体平台，通过快速浏览获取信息的方式。新媒体语境下，浅阅读方式以其快览性、浅显性和娱乐性的特点为人们带来了丰富的视觉冲击感和阅读愉悦感，并提供了充裕的信息量。

2. 读者的阅读需求和阅读心理发生了变化

随着经济社会和科技的发展，人们生活节奏加快，竞争日趋激烈，生活压力大，空闲时间少，人们没有更多的时间进行传统的深阅读，所以更倾向于阅读那些短小精悍，且具有解压放松功能的信息，所以"浅阅读"的产生反映了人们阅读习惯的转变。

从读者的阅读需求来看，大概包括四个方面：修养性阅读，如陶冶情操、净化心灵、完善人格、体验审美；学习研究性阅读，如本专业课程及课外读物的系统研读，为撰写学术论文收集材料；功利性阅读，如升学、求职、工作考核、评聘职称等；休闲性阅读，如欣赏文学艺术，调节紧张的生活节奏。迈入21世纪之后，生活中的很多事物都发生了巨大变化，包括阅读。当今社会，阅读行为变得越来越普遍，但人们的阅读目的和需求也发生了变化，尤其快节奏的生活方式带给了人们新的阅读需求。除了学习、工作所必需的学习研究性阅读和功利性阅读外，休闲娱乐性阅读也占据了一席之地，并且呈现不断扩张的趋势。这就使得阅读在新时代不再只是一种行为，还是一种生活方式，是大众选择的一种生活方式。生活方式的转变促使阅读习惯的改变，阅读不再只是坐在书桌前才进行，而是可以随时随地进行。随时随地阅读，空间和时间都是随机的，空间的安静与嘈杂以及时间的连续与断点都无法控制。久而久之自然形成了碎片化的多段阅读的形式，这样的阅读在内容和时间上都是碎片式的，即是如今所说的浅阅读。

（三）浅阅读的基本特点

1. 阅读快速

浅阅读的"浅"字意在浅显，即阅读浅尝辄止，并不深入。浅阅读可以看作是通常说的扫描式、浏览式、跳跃式阅读，这类阅读不追求对阅读材料深入精细的理解，只求一个"知"字，只求了解大概的内容即可，因而阅读过程中往往保持较快的速度。虽然浅阅读并不追求"深入"，但是并不降低对阅读内容的整体把握，大脑在浅阅读过程中仍然处于高速运转状态，仍然在处理大量的信息。实际上，浅阅读也是一种重要的阅读技巧，在较少的时间内阅读大量书籍需要浅阅读的帮助，为拓展知识面而读一些与专业无关的书籍时可进行浅阅读。能够熟练运用浅阅读的读者，能在短时间内对大量的内容有一个粗浅的了解，将阅读内容进行分类，从而确定哪些内容值得深阅读，哪些内容只需粗浅了解。

2.休闲性强

浅阅读通常在比较放松的状态下进行，阅读者的头脑和身体都处于轻松的状态，没有特定的阅读内容和范围，也不需要端坐书桌前埋头阅读。阅读者可以在任何时间任何地点进行短时间的阅读，享受休闲阅读的乐趣。以休闲娱乐为目的的阅读方式成为大众特别是年轻人的偏爱。浅阅读带着较强的休闲性，因而成为新时代读者主要的阅读方式之一。

3.即时共享

"浅阅读"一词是网络环境下的产物，自然浅阅读这一行为也烙上了网络时代的特色。移动互联网强势渗入人们的日常生活，网络阅读在阅读生活中占据着越来越重要的地位，浅阅读成为有效的网络阅读策略。即时共享是网络阅读的表现之一，因而也是浅阅读的重要特征之一。每一个接入移动互联网的读者，都可以即时将阅读到的内容分享到论坛、社区、空间、朋友圈等虚拟空间，同时可以发表自己的阅读感想，并且对相关评论进行回复，互动性较强，也在一定程度上产生了交流阅读心得的效果。

（四）浅阅读的优势和劣势

1.浅阅读的优势

"浅阅读"听起来不是个褒义词，但它其实带来了很多好处。电子阅读使读书的门槛降低，一部手机，一个立锥之地，读者就可以沉浸到阅读中去，无须理会周遭的嘈杂世界。原先忙于奔波而无暇读书的人们，在奔波的同时就能把书读了；原先只在书房和卧室里读书的人们，现在可以在出行和等待中就把书读了。读书人数的增多，读书时间的延长，使得读者的队伍空前壮大，知识的传播更加方便。人们既可以在电子阅读中掌握实用信息，提高工作生活的效率，也能从中汲取更多的文化知识，用丰富的营养武装头脑。长此下去，社会运转效率和国民文化素质都会有所提高。

浅阅读能够帮助读者迅速知晓每一天的新闻事件，也能够充分利用碎片时间积累阅读量，日复一日，终会达到"博览"之境界。读者在阅读娱乐性的书刊时，通过浅阅读能在较短的时间内满足娱乐消遣的需求，起到一种积极的调节作用。读者在阅读学习工作中的专业书籍时，浅阅读能发挥"观大略"的功能，通过快速浏览筛选，选择重点内容进行研究分析。熟练掌握浅阅读的阅读方式，使读者能够对阅读内容有一个大概了解，同时还可将阅读内容进行分类，从而可以在短时间内确定哪些内容是重要的有用的，哪些内容是不需要的。如果在研究工作中没有浅阅读，任何内容拿到手里就开始一字一句研读，那其实只是书呆子的阅读方式，浪费时间，事倍功半。

浅阅读有助于真正实现全民共享阅读。浅阅读，特别是消遣类的浅阅读，对阅读者阅读能力的要求并不高，只要是具备基本识读能力的个体即可进行浅阅读，并且从中获得心理上的愉悦。浅阅读能够激发阅读兴趣，也能够使阅读成为一件轻松的事情，这样没有负担的阅读，消除了一部分人对阅读的畏惧心理，因而必然会成为大众乐意之选，也能让更多的人享受到阅读的乐趣。浅阅读更加强调按照读者个人的意愿去选择阅读的内容、时间、地点等，整个阅读过程都体现了阅读的自主性，"阅读"由此转变为了"悦读"。

"悦读"是自由的选择，就好像呼吸到了自由的空气，那是一种享受。如今的时代，是阅读的好时代，数字化的环境为"分享阅读"提供了可靠的保证。浅阅读给读者带来"愉悦"，愉悦的心情促使人们更乐于分享，人人都在分享，丰富多彩的共享阅读的空间因此而形成，离整个社会信息资源共享的美好愿望又近了一步，全民共享阅读终有一天会真正实现。

2.浅阅读的劣势

环境所限，屏幕刺眼，这些决定了电子阅读是一种时间有限的阅读。而在仓促的阅读过程中，人们面临的是信息时代所提供的海量资讯。"微博控"们总在不断刷新，以求掌握最新、最刺激的信息。小说读者们需要不断有新趣味点的刺激，才能把注意力集中在小小的屏幕上。眼花缭乱的信息，不断翻抖的包袱，读者不断地吞吐资讯和进行娱乐，却没有时间系统地吸收知识、深入地思考问题，他们只是像辛勤的小蜜蜂一样不断与世界交换信息，却无法通过选择、消化、梳理而完整地建构知识体系，也就谈不上灵活地、创造性地运用知识。事实上，如果仅仅满足于八爪鱼般地吸收和释放简单信息，而无法实现信息的深加工和谱系化，阅读者就很可能成为信息的奴隶，而不是信息的主人。

浅阅读个人思维与知识储备的整体性和连续性浅阅读大多是跳跃式的碎片式的阅读，若是长期进行浅阅读，人的思维也就长期置于跳跃、分散的状态，久而久之，便会有碍于严密的逻辑思维能力的锻炼和形成。蜻蜓点水般的阅读形式虽然能够在有限的时间内了解很多信息，但同时也容易使人停留于表面，长此以往便容易养成思维的惰性，不利于深刻的思维能力的培养。一个人若是缺乏逻辑思维能力和深入思考的能力，那么就容易造成思维模式整体性和连续性的缺失。通过浅阅读可以在短时间内阅览数不清的内容，这是应对信息爆炸的有效阅读方式。但是我们应该看到，以娱乐消遣为目的的浅阅读，所阅读的内容多姿多彩，容易使人上瘾，若是读者没有一定的自制力，很容易沉迷其中。挣脱了信息爆炸的漩涡，却掉进了过度消遣的漩涡，得不偿失。同时，消遣性的阅读内容因为具有较高的娱乐性，很少有需要长时记住的"实用信息"。浮光掠影的短时记忆，终究不利于完整且连续的知识储备的形成。

浅阅读不利于科技发展和知识创新，而社会进步依靠的却是科技的发展和知识的创新。无论是科技还是知识，都需要我们去习得和掌握，而阅读贯穿了整个过程。在学习中，浅阅读是一种有效的阅读方式，比如通过检视阅读来选择所需的资料。但是，我们不能把浅尝辄止式的消遣性的浅阅读带到学习中。消遣性的浅阅读可以帮助人们放松精神以及应对海量信息，但是将其运用在学习中是不适合的。学习，始终是一件严肃的事情，其目的是知识的传承与创新。如果把消遣性的浅阅读带到所有的阅读活动中，那么必将阻碍知识的更新与传递，最终也会影响社会的发展和进步。

二、浅阅读相关问题的辨析

（一）浅阅读与阅读心理

根据阅读目的不同，浅阅读可细分为浏览式阅读和休闲式阅读。浏览式阅读可以是有目的的阅读，也可以是无目的的阅读。例如，浏览大量的文本资料，以确定哪些需要进一步阅读的方式就是有目的的阅读。休闲式阅读往往带有娱乐放松的目的，偏向从阅读中获取乐趣，不追求深层次阅读和思考。浏览式阅读可能会出现在生存型阅读、拓展型阅读、研究型阅读的某个阅读阶段，帮助读者快速把握阅读内容的整体结构以及大致的阅读方向。休闲式阅读是娱乐型阅读的典型阅读方式，读者完全可以依照自己的兴趣爱好来选择阅读内容、阅读方式、阅读地点、阅读时间。现如今，快节奏的生活以及爆炸式的信息洪流把人们淹没，因此在有限的空闲时间里进行轻松地阅读或者在短时间内获取所需的信息成为人们的阅读需求，阅读需求转化为阅读动机，进而外化为阅读行为，此时，浅阅读自然成为最佳的阅读方式。

（二）浅阅读与全民阅读

全民阅读月、图书馆服务宣传周等就是为推动全民阅读而组织的大范围的大型的阅读活动。阅读是一个长期的过程，在这个过程中存在阅读的普及与提高等问题。阅读分为基础阅读、检视阅读、分析阅读、主题阅读四个逐渐递进的层次。其中，检视阅读即粗浅、概略地阅读，也就是浅阅读。浅阅读是普及阅读的起始点和切入点，浅阅读也是提高阅读的必经阶段。

（三）与浅阅读相关的阅读方式

1.浅阅读与深阅读

"深阅读"，就是对图书心怀敬畏，细细品读，把读书学习当成一种人生态度、一种生活方式、一种工作责任、一种精神追求。深阅读就是人们为了提升学识修养、提高工作能力、发展理论思维而进行的阅读，是一种仔细认真的阅读，追求的是细嚼慢咽之后的精细消化。浅阅读与深阅读在概念上是相对的，若说深阅读是精读，那么浅阅读就是博览。浅阅读与深阅读在阅读方式上是相辅相成的。电子读物不能把纸质读书赶出公众视野，"碎片化阅读"不能取代"成建制阅读"。

"浅阅读"是广见闻、拓视野、增加知识点的便利方法，而"深阅读"则是打基础、拓深度、建构知识体系的有效途径。对于成年人来讲，他们可以根据自己的需求适当掌握两种阅读的比例。而对于未成年人来说，则不能任由趣味性强的"浅阅读"尽情占据他们的时间、精力，而是要通过各种方法引导其把足够的注意力放在"深阅读"上，以打下较为扎实和完整的知识文化基础。

2.浅阅读与数字化阅读

时下，很多人在谈论数字阅读时往往喜欢将数字阅读等同于浅阅读，应该说这是一种偏见。从现有的技术来讲，凡是纸质的出版物都可以数字化，严肃学术读物也有很多已经数字化，很多图书馆的图书已经数字化，国家图书馆的图书也已经数字化，并且购置了几十万册的数字图书。泛读根据不同阅读方式可分为扫描式速读、纲目式速读、总览式速读、跳跃式速读。由此可见，浅阅读其实就是泛读，而泛读并不只是出现在数字化阅读中，在纸质阅读中同样存在。比如通过网络学习、工作，通常都被划入深阅读之列，而阅读纸质的杂志或者浏览一本书的内容梗概却实实在在地属于浅阅读。浅阅读之所以被误以为出现在数字化阅读中，是因为网络技术的飞速发展极大地推动了浅阅读的流行。数字化阅读由于本身并非线性阅读，因此存在大量跳跃的、片段的阅读，这些因素促使"泛读"在新时代突显出来。浅阅读与信息载体并没有对应关系，浅阅读与数字化阅读都只是阅读的方式，没有包含与被包含的关系，更没有相等的关系，它们只是在某些情境下有所交叉。数字阅读确有浅质化的品种，比如微博阅读等，但是这些不等于数字阅读的全部，不是说数字化就等于浅阅读，应该说，阅读的深浅与纸质还是数字等介质无关，和阅读人、阅读内容有关。

3.浅阅读与功利性阅读

关于功利性阅读，有人认为，功利性阅读有两类，一类是学生们的应试阅读，一类是为完成某些特定目的进行的阅读。还有人认为，功利性阅读是指为了眼前物质上的利益和功效，从书面语言或其他语言符号中获得意义的社会行为、心理过程和实践活动。在关于浅阅读的研究中，常常看到把浅阅读和功利性阅读放在一起讨论，有些人甚至认为，功利性阅读是一种浅阅读。从功利性阅读的定义来看，它是一种目的性很强的阅读，在阅读过程中需要注意力高度集中，对阅读内容也需要一定程度的记忆和理解，这样的阅读往往并不像浅阅读那么轻松，因此功利性阅读不该被划入浅阅读的行列。

三、公共图书馆面对浅阅读的服务理论思考

（一）公共图书馆阅读服务的核心理念——以读者为中心

以读者为本，要求公共图书馆始终以读者的需求为出发点和归属点，要求馆员培养读者意识，树立"以读者为中心"的服务理念与服务宗旨，要求为读者提供更优质的资源和服务。公共图书馆应当始终将"一切为了读者""尽力满足读者的合理需求"作为图书馆阅读服务工作的思想准则。

（二）公共图书馆面对浅阅读服务的基本思路

浅阅读在现代信息技术环境下是客观存在的阅读方式，因而公共图书馆也必须面对浅阅读提供优质的服务。本书认为，面对浅阅读，公共图书馆应当围绕图书馆服务的核心理念，结合相关的阅读理论以及浅阅读的相关特点和规律，确定服务的总目标，即充分开发利用信息资源，全面满足读者阅读需求，有效提升读者整体素质。在这个总体目标指导下，公共图书馆面对浅阅读的服务思路应当是：以读者需求为服务前提，读者满意为服务宗旨，资源开发利用为服务基础，新技术应用为服务手段，个性化服务为服务机理，形成面对浅阅读服务的运行管理机制，从而实现阅读服务的总目标。

1.以读者需求为服务前提

以读者为本的服务理念要求公共图书馆为读者提供服务时必须尊重读者。尊重读者，就是要尊重读者的需求，以读者需求为服务前提，以读者的阅读需求为公共图书馆提供阅读服务的出发点。公共图书馆是读者阅读的引导者但不是决定者，读者有选择阅读内容、阅读方式等的自主权利，公共图书馆应当尊重读者的阅读权利。在网络阅读普及的时代，浅阅读作为一种有效的网络阅读策略，能够在信息海洋里高效筛选信息，因而逐渐成为大众的主要阅读方式之一。浅阅读在大众阅读中的流行，反应的恰恰就是大众对浅阅读这种阅读方式的需求，公共图书馆应当注意到大众读者的这种需求，尊重读者对浅阅读的选择，辩证看待浅阅读，以读者的浅阅读需求为导向，提供相应的适合读者的阅读服务。

2.以读者满意为服务宗旨

公共图书馆的资源以及服务只有被读者使用之后其价值才能得以发挥，读者的使用感受和使用反馈即是读者的满意程度，公共图书馆为读者提供阅读服务的最终目标就是要让读者满意。公共图书馆起初遵从的服务理念是"以馆藏资源为中心"，在这个理念的指导下，图书馆的一切工作关注的焦点是"物"不是"人"，而"人"才是图书馆的服务对象，服务对象满意的服务才是好的服务。读者的满

意既包括对阅读内容的满意，也包括对阅读服务的满意，还包括对阅读形式和阅读层次的满意。公共图书馆应当以读者的满意为服务宗旨，为读者的浅阅读需求提供各类有用、可用，并且能满意的资源，使读者充分体验浅阅读这种阅读方式所具备的阅读优势，在阅读中收获知识也收获乐趣。

3.以资源开发为服务基础

读者作为阅读活动的主体，自当受到公共图书馆阅读服务的重视，"以读者为本"的服务理念倡导的就是将读者摆在第一位。然而，阅读资源作为阅读活动的客体，自然不能被忽视。图书馆的资源是图书馆开展一切工作的基础，也是公共图书馆为读者提供阅读服务的必要条件。公共图书馆现有的资源多为一次文献，而浅阅读"快速"的特点要求的是在大量的一次文献中快速找出所需的目标资源，因此，读者对二次文献、三次文献的需求程度就会提高；同时，对于资源的发布方式也会提出更高要求，网络化、数字化、移动式的资源受到许多读者的青睐，这就对公共图书馆的资源开发提出了新的要求。资源是图书馆服务的基础，基础不够好，服务便难以开展或者效果不好。面对读者的浅阅读需求，公共图书馆资源的进一步开发应当提上日程。

4.以新技术应用为服务手段

如今，各公共图书馆均竞相建立和发展数字图书馆，对数字资源以及数字设备的经费投入也呈逐年上升之势，这说明公共图书馆正在用实际行动迎接信息技术带来的机遇和挑战，以便融入现代信息技术环境中。移动互联网时代，浅阅读乘着移动技术和网络技术飞速发展之风，扶摇直上，成为大众主要的阅读方式之一。以服务大众阅读为己任的公共图书馆，应当注意到浅阅读这一现象，也应当明晰浅阅读得以持续发展的环境和条件，以先进的技术手段为读者提供更为便捷更为满意的服务。

5.以个性化为服务要求

公共图书馆应当为读者提供个性化的阅读服务，其原因有二：一是不同的读者由于知识构成、文化背景等不同，其对阅读的需求也有所不同，读者个体阅读需求的特征日益明显，公共图书馆提供的面向大众的普通阅读服务已经无法满足读者的特定需要；二是公共图书馆管理理念从科学管理逐步过渡到了人本管理，很显然，这一转变直接影响图书馆的阅读服务。按照人本管理理念的要求，图书馆的服务应当以读者为本，只有以个性化服务为服务要求，才能满足读者的个性化需求。由于浅阅读具有阅读快速、休闲性强的特点，具有浅阅读倾向的读者对阅读内容多样性的需求就更为明显，因此，公共图书馆应当提供有针对性的浅阅读服务，以满足读者多样的阅读需求。

（三）公共图书馆面对浅阅读服务的基本原理

1.普遍服务原理

"普遍服务"最初来源于"电信普遍服务"，指的是对任何人都要提供无地域、质量、自费歧视且能够负担得起的电信业务。普遍服务主要出现在与公众生活密切相关的公益性垄断性行业，如邮政、电信、电力、供水等。后来，随着社会的发展与时代的进步，"普遍服务"的理念逐渐从邮政、电信、电力、供水等垄断性行业拓展到教育、医疗等非垄断行业，公共图书馆作为一个公益性的机构，为读者提供阅读、学习、再教育等服务，倡导"平等、自由、免费、开放"。因而，"普遍服务"的理念也在图书馆界兴起，并被图书馆人承认为图书馆的普遍均等服务思想。公共图书馆要真正做到为大众提供普遍均等的服务，面对读者的身份地位时要具备普遍均等的理念，面对读者对阅读内容阅读方式的选择上也要具备普遍均等的理念，不要只倡导读者进行深阅读，还要尊重读者的浅阅读选择，满足读者的浅阅读需求。

2.分层服务原理

有一种阅读理论叫分级阅读理论，分级阅读是一种针对儿童读者的阅读理论，即根据儿童在不同年龄段的智力和心理发育程度，在科学划分的基础上形成适应不同程度儿童阅读的书目计划。分级阅读起源于发达国家，在香港、台湾地区发展了十几年，分级阅读概念产生于对少年儿童生理和心理特征的科学分析。少年儿童在不同的成长时期，阅读性质和阅读能力是完全不同的。虽然有所谓"老少皆宜"的经典读物，但老与少对同一读物的阅读理解是完全不一样的，同一本书在不同的读者那里，会有不同的阅读效果……人生的阅读之所以是分级的，其根本原因是阅读这一种智力活动需要有人生的阅历、经验、体会、知识去补充、阐释和完善作品的意义。人生的阅历、经验、思想水平是与年龄成正比的，年龄越小，对作品的理解、接受也就越难。这一常识正是我们建立分级阅读的基础。根据阅读动机理论和阅读图式理论，并将分级理论移植于浅阅读的服务中，可知，读者对阅读内容、阅读方式等的选择受到读者阅读需求与读者已有知识结构的影响。公共图书馆在为读者提供阅读服务时，要考虑到读者的阅读动机和阅读图式，提供读者想读的、适合读者读的内容；同时，也应当从分级阅读理论得到启发，为读者提供分层阅读服务。分级阅读针对的是儿童，分层阅读面对的是大众读者，公共图书馆可以根据读者不同的需求和知识构成，将读者分层，为不同层次的读者提供不同的阅读服务，做到为不同层次的读者提供针对性的阅读服务。选择浅阅读的读者自然对浅阅读有一定量一定程度的需求，而浅阅读这种阅读方式也是与浅阅读读者的知识构成相吻合的，因此公共图书馆应当针对读者在浅阅读这个层次的阅读需求提供相应的阅读服务，做到有的放矢。

3.递进服务原理

阅读分为四种渐进的层次：基础阅读、检视阅读、分析阅读、主题阅读。之所以说这四个层次是渐进的，是因为低一层次的阅读并没有在高一层次的阅读中消失，高一层次的阅读又包含在更高一层次的阅读中。第四层次的阅读，即主题阅读，包含了所有层次的阅读，同时也超过了每一个层次。第一个层次的基础阅读，也就是初级阅读、初步阅读，是识字扫盲的阶段，读者通过基础阅读掌握初级的读写能力。第二个层次的检视阅读，就是粗读、略读，也即浅阅读，是在有限的时间里获取大量信息的阅读方式。第三个层次的分析阅读和第四个层次的主题阅读，均属于深阅读的范畴。可见，阅读是逐层递进的，浅阅读是深阅读的前一阶段，深阅读是浅阅读的升华阶段。阅读方式有深浅之分，读者所阅读的内容也有难易之高下。对于不同的人来说，同样的阅读内容难易程度有所不同；对同一个人来说，不同的阅读内容也有难易之别。只有阅读的内容与读者的知识结构相符，阅读才会有效果。阅读是一个循序渐进的过程，公共图书馆的阅读服务应当遵循递进服务的原理，掌握读者浅阅读由浅入深的规律，以读者满意为宗旨，在不同的时间、不同的阶段，为读者提供不同层次的服务，最终在整体上实现阅读的预期目标。

4.个性服务原理

理念是行动的指引，公共图书馆以人为本的服务理念强调的是个性化，要求以读者为本，认为读者的需求也是图书馆的需求。可以说，图书馆个性化服务是图书馆服务的发展方向。"书"在现代信息技术环境下表现为"信息资源"，因此公共图书馆应当要为读者找资源。

5.整体效益原理

图书馆是一个生长着的有机体。文献资源、人才资源、技术资源、设备资源以及读者资源构成了图书馆的整体，图书馆的发展应当是整体的发展，换句话说，也就是文献、人才、技术、设备以及读者等各类资源的共同发展。因而可以认为，公共图书馆的效益是所有资源整合之后所产生的整体效益，而非某一部分或者某几部分的效益。公共图书馆追求整体效益，实际上追求的是各类资源协调发展之后产生的效益。在为读者提供阅读服务的过程中，若是忽视了读者对浅阅读的需求，那么必然有碍于整体效益的最终实现。除此之外，公共图书馆还应当关注读者阅读的整体效益，既要引导读者的深阅读又要服务于读者的浅阅读，为读者提供更加全面的阅读服务，从而使读者获得最佳阅读效益。

（四）公共图书馆面向浅阅读服务的内容和形式

1.服务资源的特色化

公共图书馆的文献资源是图书馆开展一切工作的基础，因此文献资源保障体系的建设显得尤为重要。公共图书馆在建设文献资源保障体系过程中，要保证资源的全面，同时也要注意避免资源建设千篇一律，为读者提供有特色的资源，加大读者使用图书馆资源和服务的特征。现代公共图书馆的文献资源保障体系包括纸质资源保障和数字资源保障两个方面，随着数字图书馆的建设和发展，数字资源保障体系的建设受到各公共图书馆的重视，其在数字图书馆建设方面对人力物力财力的投入呈逐年上升之势。但是，由于受到资金、技术等方面的限制，数字资源多以馆藏纸质资源的数字化为主，造成资源重复的同时也削弱了图书馆保障纸质资源的能力。应该说，面对读者浅阅读的需求，对公共图书馆服务资源的特色化的要求显得更加突出和迫切，因此文献资源保障体系的建设应当同时注重纸质资源和数字资源的特色化，以资源整体的特色化为建设目标。

2.服务内容的多样化

目前，公共图书馆的阅读服务包括传统借还服务以及开展阅读活动两个方面，从阅读活动的内容来看，多以阅读讲座和书评活动为主，服务内容的多样化方面依然欠缺。因此，公共图书馆阅读服务内容的多样化有待进一步优化和拓展。大众的浅阅读具有阅读快速、休闲性强的特点，因而公共图书馆在针对读者的浅阅读倾向进行阅读服务的优化时，在服务内容的设计上应当注意强调"微"和"趣"的融入，顺应现代阅读方式的流行和趋势，使阅读服务的内容更加丰富多样，更加符合大众读者的需求。

3.服务形式的创新性

现代信息技术环境下的浅阅读具有即时共享的特点，即时共享对互动性有较高的要求，因此公共图书馆应当创新阅读服务形式，在从阅读服务的宣传到开展再到反馈的整个过程中，每一个环节都应增强与读者的互动。公共图书馆应当从三个主要方面创新阅读服务形式：第一，新兴的知识社区平台是现代读者浅阅读活动的主要聚集地，公共图书馆应当创新咨询平台，参与到虚拟知识社群中，增强与读者的互动交流；第二，读者的浅阅读在阅读时间上表现出碎片化、分散等特点，公共图书馆应当创新服务时间，以满足浅阅读在时间上的任意性；第三，浅阅读的兴起与移动互联网的飞速发展密不可分，公共图书馆应当创新服务平台，大力发展移动阅读服务。

四、公共图书馆面对浅阅读的服务方法优化

（一）面对浅阅读的服务理念优化

1.理性认识大众浅阅读

目前学术界关于浅阅读的评价大多数趋于贬义，也有一些学者认为应该辩证

看待，仅有少数学者对浅阅读持支持态度。在学术界的讨论中，有一部分参与讨论者是各类型图书馆的工作人员，其中不乏排斥贬低浅阅读之声。事实上，浅阅读古已有之，时至今日仍流行于世，自有其优势和合理性。所谓存在即合理，浅阅读不应遭遇诸多不公的评价。从古至今，有很多学者文人都从不同角度不同程度肯定了浅阅读在阅读过程中的优势和价值。公共图书馆作为社会阅读服务机制，提供大众需求的阅读服务是职责所在，应当秉持一种包容的态度，理性认识浅阅读，认识到浅阅读有其存在的意义和价值，了解浅阅读是信息爆炸时代获取和筛选信息的有效策略。

2.培养为大众浅阅读服务的理念

理念是根植于人们心中的一种观念和想法，是发自内心的认同和肯定，需要全体人员达成共识。理念的培养是一个长期的过程。公共图书馆作为阅读的倡议者、阅读服务的提供者、读者阅读的导读者，应该辩证看待浅阅读，对其始终秉持这样一种理念：浅阅读归根结底是阅读的方式之一，应该受到公正的评价和对待；浅阅读本身并不能致使阅读出现偏差，在阅读中起着主导作用的是读者的心态；阅读内容的选择是读者的自由，阅读方式的选择是读者的权利，读者对浅阅读的选择应该受到尊重。公共图书馆应当自上而下培养全体馆员的浅阅读服务理念，上至图书馆的领导层，下至图书馆的各部门工作人员，客观认识浅阅读，以理念指导行动，为读者提供人性化、个性化的阅读服务，从而使读者获得满意的阅读体验。领导层既是公共图书馆的管理者也是决策者，领导层对浅阅读的看法影响各部门工作人员对浅阅读的态度，同时也直接影响图书馆阅读服务的导向。因此，图书馆领导层应当带头肯定浅阅读的优点和价值，并通过开会、培训等方式强调和引导图书馆工作人员浅阅读服务意识的培养。图书馆工作人员是读者阅读服务的提供者，但从另一个角度来说，每一位工作人员也都是大众读者的一员，因而可以引导工作人员回想自己的阅读方式，判断自己的阅读是否也具备了浅阅读的特点。如果答案是肯定的，那么想必工作人员对浅阅读又有了新的认识，也就更容易从心理上认同浅阅读，从而强化浅阅读服务的理念。

（二）面对浅阅读的服务资源优化

1.网络资源的重组和优化

公共图书馆对网络资源重组就是指图书馆利用技术优势、人才优势将无序混杂的网络资源进行挖掘分析，经过加工和优化，重新组合成新的资源，以满足读者不断强化的多样性需求。对网络资源进行重组和优化，有利于馆藏资源的扩展，有利于改善馆藏机构，有利于丰富图书馆文献保障体系，最终将有利于图书馆阅读服务能力的提升。公共图书馆网络资源的重组和优化包括以下几个方面。

（1）网络资源的分析与采集

网络资源分析是对网络资源进行重组和优化的第一步，这一步实现的前提是对网络信息资源的特点和浅阅读读者的需求特点进行分析。图书馆专业工作人员需要利用专门的信息分析方法进行深入剖析，从海量网络资源中提取出读者需要的有价值的信息。读者通过分析之后确定资源采集的方向，有目的地进行资源的检索与筛选。虽然是有目的的检索，但是检索出的结果中依旧会包含一些无用的信息，此时就需要通过一定的资源评价标准进行鉴别筛选，包括对错误信息的剔除、对重复信息的去重、对不良信息的淘汰等，以此保证采集的网络资源满足读者阅读之所需与图书馆提供阅读服务之所需。

（2）网络资源的处理与管理

读者通过标引、著录提取出资源中的可检索点，包括题名、作者、主题、出版社、关键字、摘要、正文等字段，同时可采用先进的计算机应用软件进行自动标引工作，再由专业人员对标引结果进行复审。完成标引的资源需按照一定的原则和标准进行分类，资源分类要以读者的阅读需求为指导，突出便捷性、易用性；同时鉴于读者使用网络资源的习惯，可借鉴网络上比较成功的分类标准和分类体系。网络资源可存储可检索，依靠的是数据库的正常运行，因此数据库的管理和维护问题也是网络资源重组和优化过程中的一个重要环节，应当受到图书馆的重视。

2.特色资源的重组和优化

网络资源是庞大的，无穷无尽的，读者的阅读需求是无限的，公共图书馆对网络资源的重组和优化无法穷尽庞杂的网络资源，同时也无法借着优化后的网络资源完全满足读者的阅读需求。浅阅读具有快速、娱乐、共享等特点，因此浅阅读读者对阅读内容的好奇心更加突出。要为读者提供特色化、个性化的阅读服务，公共图书馆需要大力发展特色资源馆藏，并对特色资源进行针对浅阅读的重组和优化。应当说，面对浅阅读的特色资源的重组是一种有针对性的、有目的的知识再创造劳动，如果经过重组的特色资源在一定程度上满足了读者的个性化需求，那么公共图书馆的服务以及特色资源就真正发挥了应有的价值。特色资源内容本身已具备了与众不同的特点，那么特色资源的重组在表现方式上也应当突出特点，以此区别于一般性的馆藏资源。公共图书馆在重组和优化特色资源时，从读者的浅阅读需求出发，应当关注特色资源的多媒体化，也就是说，将文字符号以外的图像、声音、视频等都列为重组的对象，丰富特色资源的内容和表现。

3.二次文献的重组与优化

文献主要分为：零次文献，零次信息的载体形式就称之为零次文献；记录在非正规物理载体上的未经任何加工处理的源信息叫作零次信息，比如书信、论文手稿、笔记、实验记录、会议记录等，这是一种零星的、分散的和无规则的信息。一次文献，又称原始文献，是情报学中的一种主要文献，指以作者本人的工作经验、观察或者实际研究成果为依据而创作的具有一定发明创造和一定新见解的原始文献，如期刊论文、研究报告、专利说明书、会议论文、学位论文、技术标准等；二次文献，是对一次文献进行加工整理后产生的一类文献，如书目、题录、简介、文摘等检索工具；三次文献，是在一、二次文献的基础上，经过综合分析而编写出来的文献，人们常把这类文献称为"情报研究"的成果，如综述、专题述评、学科年度总结、进展报告、数据手册等。

二次文献的重组与优化，最基本也最重要的就是对目录资源的重组和优化。尤其是在现代信息技术环境下，国内构建数字图书馆蔚然成风，但往往只停留在单纯构建数字化图书馆阶段，并没有将数字化文献与传统文献的书目数据统一起来，这就不利于读者对阅读资源的查找以及对目录资源的浏览筛选。现如今，读者对数字化阅读提出了更高的需求，由于浅阅读的盛行，目录资源的重组和优化显得比往常任何时候都更加重要，只有对目录资源进行优化，将不同的目录资源融为一体，才能为读者提供快速便捷的检索方式，提高读者通过浅阅读筛选文献资源的效率。读者通常会通过浅阅读快速浏览简介、提要、文摘等二次文献，在短时间内对大量的阅读内容有一个大致的了解。因此，公共图书馆也应当同时对简介类二次文献进行重组与优化，为读者提供丰富的二次文献资源。图书馆可以将简介类二次文献与目录资源关联起来，提供读者浏览目录之后对简介进行二次浅阅读，同时根据内容和形式特征对简介类二次文献进行分类，根据读者的偏好向读者推荐相似的二次文献。

（三）面对浅阅读的服务方式优化

1.阅读活动方法优化

（1）阅读活动形式的优化

图书馆吸引读者到馆参与阅读活动极为重要，然而，现代公共图书馆已发生了巨大的变化，馆藏资源不再只有纸质资源，还有数字资源；为读者服务的地点也不再局限于图书馆内，还有图书馆外、网络上。同时，读者的阅读偏向也发生了巨大的变化，手持移动设备的快速阅读得到大众读者的青睐，其慢慢挤占了纸质书本的慢速阅读的位置，大众读者对浅阅读的需求前所未有，使其成为主要的阅读方式之一。浅阅读具有即时共享的特点，现代意义的浅阅读多以网络阅读为主，换句话说，网络上聚集了一大批浅阅读读者，这批读者从浅阅读中获取需求的信息内容，并乐此不疲。公共图书馆应当关注大量浅阅读读者，针对浅阅读优化阅读活动的形式，适当增加网络阅读活动，为浅阅读读者提供参与图书馆阅读活动的平台，为网络读者提供参与图书馆阅读活动的便捷通道。

（2）阅读活动时间的优化

公共图书馆举办阅读活动多集中于世界读书日、服务宣传周，且持续时间较短。由于持续时间较短，造成的影响表现为以下两个方面：第一，短时间的活动难以达到持续激励的作用。阅读习惯和阅读兴趣的培养都需要较长的时间，因此阅读活动效果不明显；第二，对于在时间点上有冲突的读者，一次次错过阅读活动，久而久之便会降低参与活动的热情。因此，延长公共图书馆阅读活动的举办时间有其必要。由于浅阅读具有休闲性强的特点，因而读者的浅阅读在阅读时间的选择上具有一定的随意性。阅读时间的随意性即是阅读的不确定性，那么公共图书馆固定时间的阅读活动就错失了大量读者的参与，错失了挖掘潜在读者的机会。因此，公共图书馆应当举办长期持续的阅读活动，以吸引在不同时间段进行浅阅读的读者。鉴于公共图书馆经费、人员等的制约，可通过以下方法加强长期阅读活动的可持续性：一是搭建网络阅读活动平台，举办长期的网络阅读活动，读者可通过网络在任意时间进行参与，图书馆定期评选优秀参与者，激发读者的参与积极性；二是通过公共图书馆联盟、图书馆协会、政府等具备条件的组织机构举办大型的长时间的阅读活动。

2.阅读指导方法优化

浅阅读的阅读环境多以网络环境为主，这一点与网络导读的活动空间相符，因此，公共图书馆面向浅阅读的阅读指导方法优化可以网络导读的优化为主要内容。通过网络导读的优化，引导读者更好地开发和利用网络资源，同时网络导读也更能体现人性化、方便性和快捷性。网络导读的优化应当首先强调"主动"，变以往的被动服务为主动服务，通过对读者阅读习惯、偏好等的分析，主动向读者提供个性化的阅读服务。比如，开展信息推送服务，根据读者的检索历史搜索出更多符合读者需求的信息，经过一定的筛选和分类，将信息的简要概况传递给读者，节省读者的时间。

公共图书馆应当重视书评的指导价值，书评具有传递有效信息、展示研究成果、评论学术优劣的导读功能。优秀的书评不仅展示了书评人对作品优劣的品评，而且能够给予读者一些启发和指引。公共图书馆应积极编写优秀书评，专业馆员负责常规的书评编写工作，同时可以邀请一些馆外的专家、优秀书评人编写书评，还可以鼓励读者参与书评的编写，多途径丰富书评资源。读者通过浅阅读快速浏览书评，筛选感兴趣的书评内容，再进一步深入理解作品的内涵，久而久之定能提高读者阅读鉴别能力和作品欣赏水平。

3.阅读培训方法优化

浅阅读追求阅读的速度，因此注重的是信息的快速获取。针对浅阅读对速度的要求，公共图书馆可以面向浅阅读读者推出一系列速读课程与速读技巧培训，向读者介绍科学的速读方法，帮助读者掌握正确的阅读技巧，让读者在保持阅读速度的同时提高阅读的准度，促进读者对阅读内容的理解。读者通过浅阅读能够在短时间内阅读大量的信息内容，这是应对信息爆炸的有效阅读策略。然而，信息是不断增长的，借助现代信息技术的发展，信息的更新速度远高于信息的老化速度，面对过量的信息海洋，再快速的浅阅读也始终都只是疲于应付。因此公共图书馆还可以推出信息检索培训，帮助读者掌握网络信息检索的方法与技巧，提高读者的信息检索能力。公共图书馆可以将速读培训课程和信息检索培训课程的相关视频放到图书馆网站上，提供给未参与培训的读者，使他们能通过视频学习速读和检索技巧，也便于读者通过多次回放视频来更好地掌握这些技巧，以帮助读者在阅读效率上有一个质的飞跃。

（四）面对浅阅读的服务环境优化

在紧张地工作学习之余，人们对物质享受和精神享受有着双重需求。公共图书馆有能力、有义务满足人们的精神需求，公共图书馆应当站在读者的角度，一切从读者的阅读需求去完善阅读服务。浅阅读追求的是简单、轻松，这也预示着人们追求的是"悦读"。那么公共图书馆就有必要积极满足读者的"悦读"需求，欣然接受浅阅读，优化阅读环境，为读者创造轻松自在的阅读空间和阅读氛围。读者到图书馆不再只是借还书或者阅读书刊报纸，还可以使用图书馆的无线网络接入互联网，或者是在图书馆安静宜人的环境里小憩一下，放松自己。这很重要，其意思是说，民众到图书馆来，不一定为了学习研究，可能并没有目的，只是一种随意的行为。闲暇的时候，民众觉得图书馆的环境高尚优雅，像逛街一样，随便到图书馆逛逛，随意翻翻书刊报纸，不是为了学习，纯粹是为了休闲；或者带上家人，或者约上几个朋友，到图书馆去喝杯咖啡，聊聊天，或者去听听音乐，或者去看一部录像或是电影，或者去上上网，玩玩游戏，权作打发时光。我想图书馆的这种大众化应该成为一个发展路向，这样一来，图书馆也就真正与民众的日常生活融为一体了。

第六章　公共图书馆的阅读服务

第一节　公共图书馆的阅读文化

一、阅读文化概述

（一）阅读文化的界定

阅读文化是一种基于特定技术和物质形式的阅读价值观，受到社会意识和环境系统的限制。作为一个社会文化系统，阅读的文化结构可以分为三个层次：功能和价值、社会意识和时尚、环境和教育：

1.功能和价值

阅读功能取决于阅读动机。对于那些喜欢写书并决定阅读的人来说，阅读的功能是实现读者和作家之间的意识形态对话和精神交流。这包括通过阅读作家的书来减少读者和作家之间的心理距离，增加读者对作家的理解，扩大读者的思维范围。

阅读价值取决于你自己的读书经验、背景知识、阅读兴趣和思维表达。它可以增加读者的知识，开阔他们的视野，拓宽他们的思维；它可以在记忆中影响读者，塑造他们的价值观，吸引读者；它可以为读者积累知识，在思想上实现读者质的飞跃，与作家产生情感共鸣。

通过阅读，读者会找到自己的方式，找到自己的兴趣，更好地了解自己并改变；通过阅读，读者将从书中获得知识和经验，从而在实践中更好地解决问题和处理问题。通过阅读，读者会发现自己灵魂的宁静，找到自己的精神导师，并喜欢他们的书，因为他们同意某些观点。作者还将鼓励读者对复制品的渴望和兴趣，因为作品受到读者的喜爱和鼓励，为读者创造更好的作品，并促进文化活动的进一步发展。

2.社交和时尚

阅读作为一种社会文化现象，不可避免地受到各种社会因素的影响和限制。政治认知、热点事件和时尚潮流的激荡都会影响阅读。今天，由于信息流动的加速和信息传播的扩大，阅读的内容可以在短期内迅速产生，阅读的影响可以在短期迅速政治化。

3.环境与教育

环境和教育因素是阅读文化产生和发展的基本材料。良好的阅读环境和优质的教育资源当然有利于良好阅读文化的产生和发展。阅读是文化消费和生产的一部分。他对人们的影响是精神的、有意识的和过度的。经济基础决定上层建筑。如果一个作家没有安静的创作环境、良好的教育和充足的物质基础来保证他的内容输入，他就不会创作出好的作品。对于那些忙于谋生、陷入温饱问题的读者来说，他们将无心读书，无心花钱买书，无暇专注于阅读。

（二）阅读文化的特征

1.群体性

文化阅读不是指思想和个人阅读行为，而是指一个社会、民族、国家或一群人所形成和享受的阅读理念和阅读行为特征。被视为一种文化的思想或行为必须由一个国家或一群人或大多数人共享。阅读文化是由社会群体积累、传承和弘扬的，它依赖于社会。

2.时空性

每一种文化都是在一定的时空中产生的，阅读文化也不例外。阅读文化的时间性是指阅读文化形成和发展的阶段性、连续性和间断性。阅读文化有一个出现、发展、成熟和衰落的过程，也有一个复兴、重建和再生的过程。从口碑记录，从手稿时代到印刷品时代再到电子书时代，阅读文化的发展体现在一个历史过程中：不同阶段的阅读文化因时代不同而呈现出差异。阅读文化的空间特征是指阅读文化发展的地域特征。不同地区的政治、经济、宗教、心理和语言形成了独特的民族阅读文化模式，从而代表了一种独特的阅读文化空间特征。

3.关联性

阅读文化是与一个社会或民族的政治文化、经济文化、宗教文化、传统文化、民间文化和其他文化相关的社会文化现象之一。阅读文化不是独立存在的，而是在一定的政治文化、经济文化、宗教文化、传统文化和民间文化的背景下形成和发展的，这也影响着社会文化的发展。

（三）阅读文化建设的意义

1.阅读文化建设有助于提升民族精神境界

民族精神是反映一个民族长期积累形成的民族性格和哲学思想的思维特征。它与民族的教育和文化意识以及特定的民族性质相互作用，形成特定的民族价值观并影响民族的发展。一个民族的灵魂深受该民族群体阅读过程的影响。一个民族的阅读文化是民族精神的体现。阅读文化受到民族精神的强烈影响，阅读文化也影响着民族精神的发展。提高公民素质与普及社会阅读、建设科学社会密不可分。一个民族的精神境界在很大程度上取决于整个民族的阅读水平，因此，建设阅读文化是增强民族精神的重要途径之一。

2.阅读文化建设有助于社会文化持续发展

阅读是人们接受教育、发展智力、获取知识和信息的最基本方式。阅读文化的发展与整个社会的文化素质和可持续发展的潜力息息相关。目前，人们正面临一个前所未有的视觉文化时代（"读图时间"）。在比较意义上，人们越来越受到视觉媒体的支配，他们的价值观、观点和信仰也越来越受视觉文化的影响，导致"传统阅读体验在某种程度上被边缘化，而各种视觉文化实践则起主导作用"。

视觉文化的出现在一定程度上压制和排斥了阅读文化。在大量视觉媒体迅速扩张的情况下，如何适度控制视觉媒体对公众休闲的干扰和剥夺，如何促进和促进阅读文化，以及如何从小培养良好的阅读习惯和兴趣，这些都是严峻的任务：这在当代文化建设中是无法避免的。阅读文化的发展有助于社会文化的可持续发展。

二、图书馆阅读文化

（一）根据读者的兴趣、特长开展阅读活动

不同年龄段的读者有不同的兴趣和特长，图书馆的各类图书可以满足不同层次的读者需求。图书馆工作人员可以将他们的阅读活动与相关读者的兴趣和学科领域相结合，尊重他们的兴趣和专业领域，让读者享受阅读。按读者的类别和个性组织兴趣小组，开展文学寓所、英语沙龙、电脑医生之家等活动。利用这种情况激发群体的兴趣，激发他们的阅读兴趣和动机，激活阅读心理，养成良好的阅读习惯。你也可以建立小组阅读，然后让他们一起讨论作品情节，发挥你的想象力，重写或继续结束，例如，让学生在动漫作品中画出他们最喜欢的人物和情节。

对于孩子们来说，可以让他们自由地讲故事。通过讲故事比赛，他们可以提高口才。开展阅读和征文活动，了解时事，让群众关心国家大事；选秀节目为他们提供了更多展示自我的机会，增强了孩子们的自信心。管理语言竞赛，为读者推荐演讲书，提高语言技能，锻炼表达能力。通过各种阅读活动，我们可以提高读者的兴趣，鼓励他们的精神，使他们喜欢阅读。

（二） 通过大型节日和情景教育开展大型阅读活动

图书馆是社会教育实施的重要环节。图书馆工作人员可以与不同的单位和组织合作，以不同的颜色阅读，并利用主要节日进行阅读活动。它不仅可以改善图书馆的形象和地位，还可以帮助更多的人参与阅读，鼓励更多的人对阅读产生兴趣。通过这种灵活开放的阅读，我们可以通过教学和娱乐来增加读者的知识，提高他们的阅读能力。

（三） 指导人们参与各种阅读

不同地区的公共图书馆可以创建书目和专题书架。图书馆工作人员应推荐好书，为他们提供各种教育信息，并通过阅读扩大社会群体的知识；阅读活动以文艺展览的形式，以"娱乐教育"的形式开展，吸引读者，养成良好的阅读习惯；图书馆工作人员可以开展"全民好书"活动，挑选一本好书；启动文化阅读节，开展主题创新、内容丰富的活动和比赛；举办学院、培训、夏令营、读书会、公益研讨会、书展等活动；管理明星和明星会议，提供积极的阅读建议；使用大众媒体记录阅读节目。

当地公共图书馆工作人员。与学校一起组织家庭作业，并要求学生在图书馆完成家庭作业；进行科学研究，如撰写小论文和进行专项检查；管理辩论比赛，以便他们在参加辩论时收集材料、组织、分析和统计阅读。利用丰富的图书馆文献资源创建阅读课程，使图书馆成为阅读教育的基础。

通过历史事件、大学、诗歌朗诵和其他形式，一些儿童图书馆可以让孩子们在安静愉快的氛围中阅读，提高积极阅读的意识，使他们养成良好的阅读习惯，并慢慢培养阅读技能。通过报纸等媒体，向孩子们介绍了良好的工作和阅读方法。鼓励他们对阅读的兴趣，并引导他们参与阅读。

第二节 公共图书馆的读者服务

读者服务是图书馆的基本职能，也是图书馆各项工作的目标和出发点。现代技术在图书馆工作中的应用给图书馆读者服务带来了新的变化，使读者服务的方式更加多样化、科学化和现代化。作为图书馆工作人员，我们应该以读者为中心，运用不同的方法，全面、高效地为读者服务。

一、读者心理与读者服务

（一） 读者的阅读需求

在读者的阅读心理中，阅读需求是影响和限制读者各种心理活动的最重要和最主要的心理因素，是决定读者阅读行为的最根本的力量。要理解和掌握读者心理和行为的生成和发展规律，必须从读者的阅读需求出发，了解读者的心理特征。

读者在阅读活动中所表现出来的阅读需要多种多样，这些多种多样的阅读需要大体上可以归纳为以下几种类型：社会型阅读需要、专业型阅读需要、研究型阅读需要等。

1.社会型阅读需求

社会阅读需求是指许多读者在不同历史阶段所共有的具有社会特征的阅读需求。它反映了强烈的时代特征和社会发展趋势的需要。例如，在某一历史时期，许多不同职业、不同文化程度和不同兴趣的读者受到国内外经济、政治、科学和文化发展或社会生活状况的影响，为了适应社会潮流发展的需要，相对集中地阅读相关文献，使一些文献成为社会上的畅销书和阅读热点。

2.专业型阅读需求

专业阅读应指参与学习、工作和研究等专业活动的读者的文学需求。这种类型的阅读通常与读者的专业工作、学习和研究实践有关。实践决定了专业需求的内容、目的和重点；履行专业阅读的需求，提高专业知识和技能，解决具体问题，促进深入专业实践的发展。因为专业阅读的需求在内容、目的、时间和内容上都与实践活动非常一致，它们反映了特定的专业特征，从而使阅读活动和社会实践朝着同一方向不断发展。

3.研究型阅读需求

研究性阅读需求是指为解决特定研究课题和完成特定研究任务而产生的阅读需求。有研究性阅读需求的读者经常围绕研究内容组织和开展阅读活动，以了解主题的研究趋势，并通过阅读掌握主题的研究水平。因此，与这类阅读需求相关的阅读领域具有长期的方向性和专业性，体现了强烈的任务导向特征。在研究活动的每个阶段，读者根据不同的研究进展提出文献的具体内容范围和要求。由于研究任务的局限性，任何承担过科研任务的读者都会对研究性阅读表现出强烈的需求。

除了上述的三种阅读需求之外，还有业余型阅读需求，具体指读者为了打发、消磨时间，所进行的阅读活动。

（二）读者服务

读者服务是指图书馆教读者使用图书馆资源和服务，或为读者选择合适的读物并回答读者的各种问题，包括阅读服务、参考服务和推广服务。因此，读者服务不仅是图书馆员和读者之间的互动，也是图书馆活动、借书和还书标志与读者之间的相互作用。为读者服务的图书馆员往往需要与读者接触，因此他们应该具备丰富的知识和亲和力、正确的判断、良好的观察力等素质。

二、图书馆读者服务工作

（一）图书馆读者服务工作特点

1.不同的服务理念

图书馆是开放的，可以自由获取知识。随着经济全球化的发展，图书馆服务的概念也发生了重大变化。建设在新时代生存的图书馆的一个重要途径是将市场思维引入阅读服务工作，根据公众对图书资源的需求不断优化图书馆的图书类型，并为读者提供高质量的服务。同时，你可以通过支付一些阅读服务的费用并结合图书馆活动来创建新一代的阅读服务。

2.现代化服务模式

在传统图书馆的服务中，图书租赁、文学研究和广告来源的发展已不能满足现代图书馆的需求。随着经济的快速发展，人们看到时间的价值越来越大。如何在有效的时间内获得更多有价值的知识，已经成为社会发展的共识。利用计算机网络和数字技术构建电子书系统可以减少图书馆服务的困难，提高服务效率，以舒适和高效的方式促进图书馆服务的发展。

3.服务设施的社会化

为了履行公共图书馆教育职能，提高社会的道德和文化素质，相关部门必须加强图书馆发展，整合高效的数字资源，节约更多宝贵的文学资源，并使社会接受书籍或材料。他们希望把他们带出图书馆，应用"第一客户，第一服务"的发展理念。

（二）图书馆读者服务工作的优化

1.更深入的读取器控制方法

第一，在管理图书馆阅读服务的过程中，关键是提供服务效果，以解释服务发展的内容、目的和方向。因此，负责的部门和图书馆经理必须继续优化阅读体验，继续扩大图书馆馆藏，发展内部和广泛的图书馆，提供更丰富的知识服务，满足各种读者的需求。第二，发展个人运营模式。从图书馆的角度来看，以读者的需求为中心，联系读者的个人需求，包括在IT帮助下分析读者的实际需求，并根据数据分析的最终结果设计合适的服务策略。最后，你可以提高读者的能力。为了提高图书馆的技术水平，应注意发展图书馆自身的能力，并为读者创造一个私人服务环境。

2.增加对建立创新图书馆意识的兴趣

在图书馆发展过程中，高质量的阅读服务可以吸引更多的读者，为图书馆的维护提供基本保障。在信息时代的背景下，只有不断创新，提高竞争力，才能为读者提供良好的服务。在这种情况下，图书馆必须优先提高其创新意识、创建创新系统和提高服务水平。

3.增加读者数量

读者群体的不断扩大可以增加图书馆的客户流量，促进图书馆的发展，提高自身的水平，并为读者服务的发展奠定坚实的基础。因此，在管理读者服务的过程中，除了优化读者模式和提高图书馆的创新意识外，我们还需要考虑扩大读者群体的工作，积极开展市场研究，大力发展读者，将读者潜力转化为稳定的读者，-为图书馆的维护提供基本保障。同时，图书馆还应定期规范阅读课，规范图书馆活动，提高图书馆社会地位，充分发挥图书馆教育功能，吸引更多人积极参与阅读。

4.打造绿色通道

为了满足不同读者的阅读需求，图书馆必须建立绿色通道。例如，为残疾人设立专门的阅读渠道以满足他们的阅读需求，并设立图书馆或志愿者为他们提供人文服务；对于军事化管理的组织或个人来说，自下而上丰富业余文化生活可以让他们身心愉悦。图书馆可以为这些机构提供专业书籍，以满足智力需求；对于来自家庭或贫困地区的孩子，图书馆可以为他们提供免费服务，发放爱心卡，并通过交换书籍来增加他们的知识。

5.提供不同的服务

为了满足各类读者的需求，提高读者服务的效率，图书馆可以利用IT技术构建在线跟踪系统。根据订单，读者可以提供上门服务，并在家中阅读他们的服务需求。同时，图书馆还可以创建数字图书馆系统。读者可以通过注册个人数据获得图书资源，然后通过数字恢复接收电子书，实现实时在线阅读。它可以节省大量时间，充分体现图书馆阅读服务的人文关怀。

第三节　公共图书馆的学科服务

一、学科服务概述

（一）学科服务的概念

学科服务是多种学科服务，这是图书馆关注学术和大学学科建设的需要，提供的一种全方位的文学知识信息和信息技术服务。事实上，纪律服务是图书馆业一种新的服务理念和模式，是图书馆适应新的服务需求、深化服务改革、提高服务水平的新举措，是一种高水平的信息服务形式，这是在海量信息时代产生的。

在新时代，学科图书馆服务不再仅仅由学科图书馆开发或完成，而是必须考虑学科用户在教学和研究中的个人需求，整合可能与学科服务相关的所有资源和服务，并建立新的运行机制，包括资源重组、机构重组、服务设计、系统架构、图书馆相关部门是一个大系统，是一个综合面向用户的服务的大系统设计，将是未来高校图书馆适应新IT环境的主要服务机制和服务模式。

综上所述，学科服务的概念应是：以学科馆员为主体、学科知识服务为核心、学科用户的信息需求为中心、以用户信息获取与利用最大化满足为目标，突破"馆"的概念与范式，融入用户物理空间与虚拟空间环境，全方位的、积极主动的、有针对性地为学科用户教学、科研提供个性化、专业化和知识化的信息资源保障和现代信息技术支持服务。

（二）学科服务的基本要求

1.全面系统

全面系统主要是指图书馆学科服务体系要全面系统。不仅要求学科文献知识信息资源要全面，而且学科服务工作各个操作环节要系统化。同时，学科馆员对所负责的对口学科的学科资源、学科情况要全面了解和熟悉，还要能利用各种现代传媒技术广泛宣传和推广图书馆学科资源和服务，使学科服务工作得到更多更广泛的用户的认可和信赖。

2.方便快捷

学科用户通过学科服务能够方便快捷地获取所需的学科信息资源和服务而及时解决其相关问题。

3.高效利用

一方面要求学科馆员工作的高效，另一方面学科信息资源的利用的高效，即学科用户能够高效地使用所有的学科信息资源。

4.满意评价

学科用户对学科服务的认可和信赖，通过各种手段和方式使学科服务得到学科用户的真正认可，并达到满意。

（三）学科服务的性质

1.学科服务是图书馆一种先进的办馆理念

随着信息技术和网络技术的迅猛发展，信息化、数字化和网络化给图书馆的生存与发展带来了前所未有的机遇和挑战。图书馆不再是文献信息资源唯一的获取重地，人们对图书馆的依赖程度急剧下降，作为图书馆管理者不得不重新思考和审视图书馆的生存与发展。学科服务这一以用户为中心的主动地个性化、专业化的服务为图书馆的生存与发展带来了生机与希望，它将促进和提升图书馆的核心竞争力。

2.学科服务是一种新的服务模式

学科馆员直接融入学科用户的信息环境和信息过程的一线，为对口负责的学科或院系、重点实验室、课题组和学科用户个人提供个性化、专业化、知识化服务。

3.学科服务是图书馆服务工作的一种新的服务机制

各高校图书馆都相继根据本校学科建设的实际，为相应的学科或院系设置专门对口负责的学科馆员，明确了学科馆员的工作职责和目标任务以及具体的考核指标和办法，对学科服务有明确的服务要求。

4.以用户为中心的服务理念

学科服务充分体现了以用户及用户需求为中心的服务理念，学科服务馆员除了传统基础性服务工作外，要走出图书馆，融入学科用户的教学一线，嵌入科学研究过程，不仅要为其提供学科教学、科研所需的文献信息，更重要的是要求学科馆员必须了解其所负责的学科或院系的学科建设情况和本学科资源情况，为学科用户提供专业化、知识化的服务。任务是改善用户环境，提高用户为用户教育和研究提供信息和支持的能力。

二、图书馆学科服务滞后原因分析

（一）专业馆员素质有待提高

专业馆员组织、管理和维护图书馆的专家系统，并支持图书馆的数据源。它们是图书馆和专业用户之间的桥梁。他们的整体素质和技能直接决定了专业服务的影响和质量。

我国高校图书馆没有强有力的图书馆培训机制，因此专业馆员不了解且无法达到服务的深度。

（二）系统有待完善

高校图书馆服务必须组成专业团队。这一过程包括对技术和平台的支持。目前，中国大多数高校图书馆都没有专业团队。他们可能没有一个完整的成人服务体系，除了缺乏资金、经理和其他工厂的全力关注。除了提供专业数据库和专业信息导航，大学图书馆的学术服务还提供各种特色服务信息，如学科介绍、学科动态、重要人物、会议记录、核心期刊、优质课程、在线服务和专家数据库，以供参考和建议。然而，由于技术的不成熟，上述服务内容无法完全实现，纪律服务的预期影响也无法实现。

（三）纪律服务评价体系有待完善

纪律服务的目的是为用户服务。此服务的标准衡量标准是用户对服务的评价。因此，建立和改进纪律服务评价制度至关重要。缺乏评估纪律服务水平的具体标准将限制其今后的发展。目前，我国高校图书馆尚未建立专门的服务评级体系。不仅无法评估专业图书馆员的工作，而且无法根据评估结果激励他们。很难调动专业图书馆员的积极性，这很容易导致工作任务不明确。如果评价机制不完善，现有制度就不会有任何差距，这不利于纪律处分制度的进一步发展。

三、学科服务的改进措施

服务特性特别是其中的无形性和不可分离性，使得服务不能被退回或重新销售，这一事实对消费者而言意味着巨大的选择风险。服务组织的任务就是增强消费者的选择信心，这为服务组织的品牌建设提供了机会。另外，服务的上述特性又使得服务及其传递过程变得异常复杂，充满了诸多的不确定性。这对服务品牌建设提出了挑战，使得服务品牌建设遇到了更多的困难。

（一）加强学科馆员培训教育

1.人员选拔

专业图书馆员的任务是为专业用户服务。每天，专业图书馆员都会直接面对来自不同背景和地区的用户。在服务过程中，他们会遇到各种问题。面对这些问题时，他们应该保持冷静和灵活。专业图书馆员应该有良好的言行举止。慷慨得体的言行举止是对用户最基本的尊重，也是专业图书馆员高质量的体现。专业服务是图书馆的特色服务，无论是文献信息服务的专业素质还是相关学科的学科知识，对图书馆员的素质要求都比较高。专业图书馆员是专业信息的发布者、信息资源的管理者和信息导航的向导。他们应该是高素质的复合型人才，具有适当的教育背景，同时也具有丰富的信息检索经验。

因此，专题馆员必须具有较高的思想道德水平、良好的心理素质，并能够对未知的挑战保持冷静。面对烦琐的工作，你可以有一个积极乐观的态度。

2.人才培养

图书馆的目标是为专业图书馆员建立一个长期的制度化培训体系。大学和学院可以在自己的学校建立与图书馆相关的学科，为自己的图书馆培养专家。

3.职业技能培训

专业图书馆员是一个复杂的人才，专业知识的教育内容应该是全面的，包括：学科和专业知识。获取信息的能力；计算机技能；收集、组织和处理信息资源的能力。个性化处理等。因此，高校图书馆应支持专业图书馆员的培训，增加培训时间和机会，为专业图书馆员创造发展平台和空间。例如，图书馆员定期被挑选并送往其他高校或研究机构学习先进的信息服务理念，他们在其他部门的信息资源收集技能和专业知识。图书馆的目的也是鼓励专业图书馆员参加高校的科学会议，开展各种学术交流，拓宽专业知识。

（1）制定纪律服务综合设计计划

在高校图书馆建立专业服务是一个长期的过程。高校图书馆应该首先解释这项工作的重要性。同时，学校的发展计划包括与学科和专业项目相关的图书馆服务计划。它在人才保障、资本、绩效激励和政策激励方面提供支持，以促进专业服务的发展。

纪律服务的设计和设计质量取决于图书馆是否有一个完整的纪律服务系统，纪律服务管理系统等。技术服务平台具有获取信息、寻求科技创新、咨询、专利申请等功能。它便于教师和学生学习和使用。纪律服务管理系统尤其应包括服务计划的定义和调整，纪律图书馆员的任命、培训和评估，服务绩效评估，沟通组织和服务数据发布，以建立组织良好的管理机制，实行精细分工和严格评估。

（2）改进纪律服务评价和评价制度

纪律支持是大学图书馆阅读服务的重要组成部分。既然它是一种服务，就需要一种机制和系统来进行评估。只有公正合理的评估才能取得进展。这主要包括对专业图书馆员的评价和对专业服务系统的评价。然而，纪律服务的建设期限因每个机构的情况而异。因此有必要"因地制宜"，根据机构的特点建立合适的评估和评价体系。

对专业图书馆员的评价是其管理体系的重要组成部分。建立科学、合理、公平和有效的绩效评估体系是促进专业服务发展的关键。也是激发专科图书馆员积极性的激励因素。图书馆绩效评价是一个有机的整体，以衡量为基础，以评价为中心。为了使测量更加公平和客观，我们可以建立一个标准化的图书馆文献，为图书馆员的工作定义一个参考，或者详细描述图书馆员在工作层面的参考，并更精确地指定各种指标和参数。

根据评估结果，图书馆实施了适当的奖惩制度，体现了"多劳多得"的原则，将绩效考核与激励机制相结合，使专业图书馆员的薪酬与其薪酬成正比；打破了传统的分配社会关怀"大锅"的制度，促进、动员和减少优秀专业物质和精神图书馆员的待遇。引入再就业或解雇程序和其他措施仍在试用期内。

纪律服务系统的评价基于用户反馈，纪律服务系统根据结果不断改进，进一步确定纪律服务建设的下一个战略目标和计划。用户接受专家服务，用户体验是评估专家服务成功的标准。用户通常可以根据自己的需求进行审查、要求反馈、筛选、选择和操作。

（二）加大学科服务的宣传力度

成立于20世纪末的高校图书馆专家服务是一种新的服务模式。由于发展时间短，没有太大的知名度和影响力，许多学校的领导、教师和学生对图书馆的专家服务功能缺乏了解。因此，大学图书馆需要大力宣传专家服务的重要性、作用和性质，以便专家用户能够认识和接受它，然后积极寻求专家服务。

用户是图书馆学科服务的目标。只有让更多的读者和用户参与进来，我们才能给他们更多的发展空间。迈入21世纪，随着互联网技术的发展和大数据的出现，大学图书馆应努力增加公众人数，使用各种移动设备和互联网，重点推进主题服务项目，提高专家服务的知名度。

四、学科服务创新实践

（一）建立创新服务纪律制度

服务特性特别是其中的无形性和不可分离性，使得服务不能被退回或重新销售，这一事实对消费者而言意味着巨大的选择风险。服务组织的任务就是如何增强消费者的选择信心，这为服务组织的品牌建设提供了机会。另外，服务的上述特性又使得服务及其传递过程变得异常复杂，充满了诸多的不确定性。这对服务品牌建设提出了挑战，使得服务品牌建设遇到了更多的困难。

（二）建立纪律博客

首先，图书馆服务活动的设计需处处为读者考虑。许多图书馆延长开放时间，开通了24小时借还书、自助借还等多种服务渠道，一些图书馆利用先进的技术手段实行了方便读者的服务措施。很多图书馆利用先进的技术手段开展了"你选书、我买单"图书荐购服务。其次，以用户需求为中心主动开展读者服务活动。随着民众对讲座服务的呼声越来越高，很多图书馆开展了公益讲座活动，并形成了品牌。在开展讲座的同时，很多图书馆利用多种形式，围绕提高信息素养、知识水平、实用技能等开展了内容丰富的读者培训。同时开展了图书推荐、经典研读等各类人性化的服务。

（三）建立纪律服务平台

学科服务平台的建立是图书馆实施个性化和网络化信息服务的基础，也是发展专业化知识服务的基础。特别是，它可以满足用户在信息交流和知识交流方面的需求。学科的概念在不同的社会时期有着不同的理解，在过去，人们对学科的认识相对单一化，简单地将其理解为知识的分类或 教学的科目。随着社会的发展，社会科学与哲学的探讨不断深入，不断对学科这一概念的理解注入了新的活力，对学科内容的认识也更为全面化和立体化。基于科学与哲学研究的思考，不断涌现了许多有关于学科理解的新型理论。科学首先是一种有组织的、客观的、合理的知识体系，同时也是一种制度化、规范化的社会活动，社会与历史问题会直接影响科学发展的速度，也会对科学家的问题关注焦点造成一定影响。学科的含义包含以下几个方面：

1.学科是一种知识体系

学科作为知识管理的一种手段，从这个意义上说是一个结构紧凑、思维严谨、内部一致性较强的逻辑知识体系，这种学科 表现在该领域的文献和教材中。

2.学科是一种精神规范

学科作为一种精神规范，它是学科研究者在从事学科教学研究工作中所表现出来的精神气质、信仰、思维方式、规范体系等，体现在学科研究者的行为和心理状态上，以及他们独特的行为和思维方式上。

3.学科是一种研究组织

学科作为一种研究组织，是进行学科研究和开展学科研究的基本单位，具体形式可以表现为学科研究的研究所（研究所、办公室、中心等）。研究组织形态的学科为学科研究提供了组织形式和庇护所，是学科研究组织化、制度化的标志。

4.学科是一种教育与人才培养的单位

学科在教学领域中体现为一种教学的组织形式，具体以教育与人才培养的独立的机构、独立的学位、独立的专业和独立的课程体系形式存在。学科作为一种教育单位，能够将知识体系的学科和精神规范的学科转移给体系内的学科成员，从而保障和保持学科知识、精神和社会分工的连续性。

5.学科是一种劳动分工的方式

知识，即认知领域的分化促进了学科的形成与发展。学科的建立标志着社会分工中一个新部门的组建，标志着一个新的工作小组和岗位的独立分化，标志着一批人要适应与确立新的劳动角色。

6.学科是一种交流的平台

学科的存在将不同地域、不同组织、不同时代的学者紧密联系起来，超越时间与空间的限制为学科人员搭建了一个交流的学术平台。这一交流平台在学者之间的交流和学科意识的批判性成长过程中具有特殊的意义，它体现在学科研究的期刊、书籍、文献以及学科的社团中。

7.学科是一种社会管理的单元

在现代科学技术应用广泛的社会新时代，科学研究已经与经济、社会和国家的利益息息相关。科学研究越来越依靠外部资源和环境的力量，已成为政府和社会公认的合法学科，有效促进了各专门领域的知识生产与传播。因此，学科的科学研究已成为社会和国家资助和管理的重要对象。

第四节　公共图书馆学科服务平台构建

一、学科服务平台的含义与组成

（一）学科服务平台的含义

学科服务平台是为学科馆员与学科用户之间沟通学习以及进行学科信息资源交流而搭建的虚拟场所。它是在学科馆员和学科用户之间起到连接作用，学科用户和学科馆员能够利用这以平台进行交流和沟通。它是学科服务系统的外部体现，是进行学科服务的基地和场所，也是图书馆进行学科服务的综合信息服务平台。学科馆员利用图书馆本体、文献资源等现有物理设施建立学科服务实体场所，利用网络技术和先进的信息技术建立虚拟网络学术平台，为学科用户提供更全面的学科信息资源服务。与此同时，学科用户可以运用学科服务平台进行信息资源的检索与提取，并与他人或学科馆员进行互动交流，全方位地体验图书馆学科信息资源服务。学科服务平台的构建与完善，能够有效地将学科服务渗透到学科用户的信息获取、利用、交流学习的物理空间与虚拟空间，保证学科服务的全面性与高效性，提高学科服务的品质。学科服务平台是一个综合性平台，它既能够展示图书馆馆藏资源，又能够实时链接学科导航资源；它既是学科资源组织管理的平台，也是学科信息发布的平台。它整合了图书馆实体文献资源与网络信息资源，既能够为学科用户与学科馆员提供交流沟通的机会，也能够实现知识挖掘、学科知识导航等个性化定制服务。学科服务平台能够对学科用户学术进行需求跟踪，迅速进行知识资源检索与定位，准确高效地供应其需求的专业知识与服务。

（二）学科服务平台的组成

对于学科服务对象来说，学科服务平台是一个服务载体；对于学科服务实施主体来说，学科服务平台是工作开展的渠道。学科服务平台的建设、维护和完善必须立足于各图书馆学科的现状，结合相关学科的建设，引进科研团队，辅助科学研究，充分发挥自身特色，在学科服务平台的设计与架构中反映嵌入式、主动式、个性化和增值化服务理念。目前来看，我国图书馆的学科服务平台建设主要包含物理平台建设和虚拟平台建设两个方面。

1.学科物理平台

学科物理平台是指图书馆为学科用户提供的沟通、学习的实体场所，主要包括实体环境、硬件设施、服务设施和馆藏纸质文献资源等。实体环境中包含多个不同大小、不同功能的服务空间与学习空间，空间的设计主要从学科用户的日常学习行为角度出发，在氛围的营造上采取视觉艺术、声学艺术与色彩艺术相结合的方式，为学科用户提供舒适的学习与研究环境。在保证环境功能不被影响的前提下，可以将多个区域的服务进行交叉，更加便于学科用户之间的相互交流与学习。学科服务物理平台有其特定的组成部分和资源配置，主要包括资源服务区、学科咨询台、独立研究室、数字化工作室、休闲区等。

2.学科服务虚拟平台

在网络信息化时代，学科服务虚拟平台在学科用户的学习与交流中具有重要的作用，它为学科用户提供了在线共享信息知识资源提供了虚拟化场所，使知识的获取更加智能化和高效化。学科服务虚拟平台是互联网新技术运用基础上的一个交互式的开放服务平台，他在提供服务的过程中强调交互性、参与性与共享性，提出学科用户不仅是信息资源的利用者，更是信息资源的生产者与传递者。学科服务虚拟平台是一个动态化的信息资源空间，它的内容资源在不断扩充和更新，这就要求学科馆员妥善地对这一虚拟平台进行维护与管理，关注社会与学术界的新知识、新动态，不断增添新的知识服务项目以满足学科用户不断变化的需求，为学科服务建设提供有力支持。

二、学科服务平台的构建

现如今，图书馆的学科性建设不断增强，而学科服务的科学化是保证图书馆学科建设的根本所在，因此，图书馆应建立起与社会学科发展相适应的学科服务系统和行之有效的学科服务平台，以满足自身的转型要求以及学科用户的发展需要。

（一）学科服务平台设计理念

学科服务平台是沟通学科用户与学科馆员之间的纽带，同时为双方的信息交流与学习提供了空间。构建学科服务平台，是实现学科馆员工作开展和学科用户获取信息服务的有效策略。以网络环境为依托，首先学科服务平台的构建能够对图书馆的学科服务进行有效的宣传与推广，增强图书馆的学术影响力；其次，学科馆员能够利用这一平台处理参考咨询、资源设置等日常工作；最后，学科用户能够通过这一平台获取学科知识与动态信息，以讨论的方式对学科专业知识进行深入研究。学科服务理念是学科服务平台设计与建立的指导思想。学科服务平台的设计必须以学科建设为重点，引入学科的科学研究团队，体现自身特色，参与科研开发过程，体现嵌入式、主动性、个性化、增值性服务意识，展现图书馆的资源优势和特色，以推进服务区域经济、社会发展为方向，培养高层次、高水准的专业人才，以此来建构学科专业系统结构的发展特色和多学科协调发展的专业结构规划，为学科发展创新提供支撑力量。

（二）学科服务物理平台的构建模式

学科服务的物理平台是学科服务工作的现实场所，依靠信息共享空间的实体，以用户为中心，进行一站式服务是当前学科服务理念的重点要求。缺少一定的工作场地，学科馆员很难对学科用户进行组织学习或学术交流与探讨，学科用户之间也难以得到有效的沟通。可以看出，缺少必要的服务场所会对学科服务效果产生很大影响。因此，图书馆必须结合本馆的实际情况，在现有条件基础上，充分运用原有建筑和馆藏资源，依托建设信息共享空间实现学科服务物理平台的构建。

1.学科服务物理平台设计思路

学科服务物理平台的设计思路是在图书馆分馆、资料室、馆藏室等现有实体空间的基础上，按照区域的面积大小规划出不同的功能区，如资源区、学科咨询台、自主学习研究区、数字化操作区、休闲区等，区域规划完成后可配置相应的服务设施。从模块组成上看，各区域与信息共享空间的实体结构基本一致，主要由实体空间、硬件设施和服务设施构成。

2.学科服务物理平台的架构

（1）资源区

图书馆的学科信息资源是开展学科服务工作的基础，同时，种类丰富的学科信息资源也是学科用户开展学科研究的必要前提条件。学科服务物理平台必须有庞大的实体学科信息资源作为支撑，也要具有存放这些实体资源的对应区域与基础服务设施。物理平台上的学科信息资源形式主要有学科专业类书籍、期刊、特色文献材料、科研成果、高价值档案、实用型参考书、工具书、百科全书、休闲类期刊、照片、音频、视频等专业缩微数据、光盘资源等。

（2）学科咨询台

学科咨询台受理咨询是实现学科服务最基本的途径，通常设置在学科资源服务区。学科用户在进行学习或科研活动时遇到的常识性问题、专业性问题、技术性问题或其他一切与学科学习相关的问题都可以通过学科咨询台寻求帮助。学科馆员在处理学科用户的问题时，首先应保持热情的服务态度，认真聆听用户的需求，耐心解答用户的问题，提高用户满意度。学科馆员的管理服务范围涉及面对面的实际咨询和网络、电话咨询等形式。

（3）自主学习研究区

自主学习研究区是指学科用户进行独立学习与科学研究的实体区域，它的设置应根据图书馆的实际情况而定。如果图书馆的环境条件允许，可以将学习区与研究区分离开来，如果图书馆没有进行分区的条件，学习区与研究区合并也是可行的。自主学习研究区通常设置为个人学习室、学科专家工作室和小组讨论室等三种形式，其中，个人学习室与学科专家工作室对环境的要求较高，应该与小组讨论室分离开，保证环境的安静。个人学习室主要供学生使用，用于学生检索文献、浏览网络（局域网、Internet等）信息资源、论文写作、模拟实验操作等，为学生提供适合个人思考和创作的安静空间。学习室内配备了无线网络接口和相应的电脑桌椅等公用设施，用户可以利用自带的笔记本电脑或者租用图书馆内电脑进行学习。学科专家工作室主要供具有重要科研任务的用户或群体使用，通常安排一人一室或同一科研项目一室，工作室内一般会配置高性能电脑及附件、装配适合科学研究的软件及电脑桌椅等，并且根据科学研究的需要配备相应的文献信息资源。如果图书馆的环境条件有限，可以实施多学科共建共用，充分发挥资源优势。学科小组讨论室是为满足用户学习、交流、讨论和交流需求而创设的区域，是开展学术辩论、话题讨论的重要场所，能够有效促进学科用户之间进行观念启迪、思维提升、思想碰撞和培养团队合作精神，是学科馆员在交流中发现隐性知识、增加经验的理想场所。讨论室内一般会配备电脑及多台显示器、投影仪、黑板、桌椅等，建筑的尺寸因不同的群体而异。与个人学习室和学科专家工作室相同，学科小组讨论室也可以多学科合作共建共用。

（4）数字化操作区

现代信息技术的发展与普及，人们对数字技术的理解越来越深入，特别是对多媒体操作和制作的重视程度越来越高，这已经成为一项必不可少的能力需求。图书馆应认清并掌握这一发展趋势带来的契机，及时更新图书馆的物理空间布局，确定适当的位置建立起专门的数字操作区域。在硬件配置上，数字化操作室应能满足常规数字操作和实践演练的要求。例如，室内应配置多个高性能的计算机及附件、必要的网络设施等。除了安装常用软件外，还应装配图像处理、网页制作、音频、视频等多媒体制作管理程序。根据学科服务的需要，还可以安装一些适合相应专业的专用软件，确保实现用户所进行相应研究工作。另外，打印机、复印机、扫描仪、录音机、数码相机、大屏幕电视、音响设备等输入和输出设备对于多媒体制作也是必不可少的，由于这些设备价格昂贵，更新速度快，通常可以多个学科共建共用。数字化教室主要用于学科馆员对学科用户进行与学科服务相关的信息素养培训，提升用户的信息技术素养。此外，数字化教室还可以以预约的形式向用户开放，如进行学术报告、讲座、学科专家传授专业知识、科研方法及培训指导、学习、科研成果展示等，室内应配置电脑、网络接口、投影仪、电子白板、音响等设备。基于资金、场地、使用频率等问题的考虑，可依据需求合作共建共享。

（5）休闲区

休闲区的主要功能是放松用户的精神，区域内应配备舒适的桌椅，还可提供饮品和茶点，甚至可放置少量的报纸或休闲杂志，供读者在学习期间短暂休息。休闲区的环境设置应别具匠心，加以优美的工艺品加以点缀，让人产生舒适之感。用户可以在这一区域尽情享受舒适的环境，也可以在这一区域进行讨论与交流。一个学科服务物理平台的完整性是由以上几个组成要素共同构成的。由于图书馆的综合实力不同，一些图书馆可能无法完全实现大规模的建设与完善。对于这类情况，可以进行阶段性建设，有计划地进行空间规划，不断加强区域建设以至实现全部 物理空间建设。

（三）学科服务虚拟平台建设

在网络信息时代，学科服务虚拟平台为学科用户提供了学习、交流和共享知识的虚拟空间，对于学科服务的开展具有深刻 影响。学科服务虚拟平台的建立，使学科服务平台成为一个统一的有机整体。学科服务虚拟平台集学科知识门户、学科导航、RSS定制与推送、网络资源展示、知识挖掘、SDI知识服务等服务功能于一体。

1.学科资源

类型多样的学科资源是学科服务的重要基础之一。学科信息资源是学科服务发展的前提条件，学科服务机制的建立、运行和实施离不开学科资源。这里提到的学科信息资源是内容丰富的文献资源保障体系中的专业学科知识信息资源，以学科专题知 识库为重点。学科专题知识库是学科信息服务系统中的一种特殊的学科知识集合，是知识型学科信息服务区别于传统文献型信 息服务的主要特点之一。学科专题知识库中的知识主要包括显性知识与隐性知识两部分：显性知识是指学科馆员在处理学科用户的问题时可以查找到的已存在的专业知识资源；隐性知识是一方面是指学科馆员自身的隐性知识，另一方面则是指为了解决 用户特定问题而运用学科信息资源系统中的显性知识所形成的新知识成果或知识信息。

2.学科门户

学科门户是学科服务平台上最重要的版块，它代表着学科服务平台的门面，主要利用互联网先进技术建立起BBS、学科博客 、学科动态、学科人物和学科学术信息推送、虚拟学习社区等。学科门户整合了用户所需的学科知识信息资源，以网络手段为 依托将这些信息资源组织和应用于一个可定制的个性化界面中，为用户提供了一个充分满足学术交流需要的网络信息环境，是学科用户最终享受学科服务的必经之路。

3.学科咨询

学科咨询主要包括咨询服务和知识库两类。咨询服务是指学科馆员运用现有的图书馆参考咨询服务台和参考咨询服务模式，为用户提供科学有效的信息服务。知识库是指学科馆员将接受的咨询各类问题进行整合，不断向知识库中增添新的内容，方便学科用户进行自助服务。

4.后台管理系统

后台管理系统是保障学科服务平台正常稳定运行的主要管理功能，它一般会选择性能好、稳定性强、响应速度快的数据库作为数据管理基础，设计程序时遵循方便、易操作的原则要求，以便于日常维护。在系统管理模块内部，主要设置系统参数和权限管理，当学科服务平台需要加入新的学科知识时，需要对平台系统中的参数进行设置，在相应功能中加入新学科知识的相关内容。在系统安全的问题上，可对不同类别的人进行访问权限设置，通常是图书馆馆长与主管领导权限最高，向下依次为学科馆员、其他领导和部门同事，这样就有效地保证了系统数据的安全，同时分工明确，强化了系统操作的稳定性与方便性。后台管理系统能够对各个模块内的信息资源设置特定的检索字段，使系统具有强大的检索功能，进一步提升了学科馆员的工作效率，为学科用户提供了更加快捷、有效的信息获取方式。

第五节　公共图书馆学科服务队伍与学科信息资源建设

一、学科服务队伍构成与组建模式

（一）学科服务队伍的构成

学科服务队伍在学科服务体系中会对学科服务的品质与水平、服务产生的效益等因素造成决定性影响，它是系统中具有主观性与能动性的关键性因素。学科服务队伍的主要成员包括专兼职学科馆员、咨询馆员、图情专家等，其中，专兼职学科馆员是学科服务队伍的核心要素，在学科服务过程中，学科馆员是具体的问题的设计者与规划者，也是学科服务的实际执行者。随着知识信息的飞速发展，用户的需求越来越向专业化、特色化转变，学科馆员的工作内容也越来越复杂。咨询馆员、图情专家等是学科服务队伍中的重要的组成人员，对他们进行全方位分析可以掌握相关学科信息需求，了解更多学科用户的科学研究要求。

（二）学科服务队伍组建模式

学科服务队伍的建设是否科学合理，对学科服务的开展具有直接的作用。科学合理的学科服务队伍会对学科服务的开展产生积极的推动作用；无序、混乱的学科服务队伍将严重阻碍学科服务的正常实施和发展。对于现代图书馆来说，组建一支具有科学性与合理性的学科服务队伍能够有效促进学科服务的高效运转，是当下图书馆建设的一项重要内容。从现代图书馆服务实践上看，组建学科服务队伍主要采用以下两种模式。

1.个体模式

个体模式主要是指一名学科馆员固定对应一个或多个院系，或者安排图情专家，其职责以宣传沟通、资源建设为主，同时深入专业的课题研究过程中，协助完成科学研究工作。但是，个体模式下的学科服务也有一定的缺陷，例如，提供的学科知识信息内容较为单一，缺少与其他学科的互动与交流。因此，为了进一步提升学科服务的认知、提升服务质量和水平，应在单一模式的基础上进行协作式沟通交流，促进学科服务队伍由单一的个体模式向团体模式转变，实现服务效果的最佳化。

2.团体模式

团体模式下的学科服务队伍是一个强调团队协作的专业化队伍，主要包括学科馆员、咨询馆员、普通馆员、学科用户和学术顾问（通常由各学科推荐的学科专家和教授担任）。其中，学科馆员与咨询馆员通常由专职的图书馆员担任，并且要求其具有专业的职业素养与知识技能。图书馆员在学科服务队伍中具有核心作用，其主要负责团队的发展规划、队伍成员的组织协调和相关服务工作的开展。因此，图书馆对于学科馆员有明确的岗位职责划分和工作内容、目标规定。

二、学科馆员队伍的培养

现如今，图书馆学科服务开展得如火如荼，这就对学科服务中的核心力量——学科馆员提出了更高的要求。从长远发展的角度上看，图书馆应充分发挥文献信息建设的作用，构建具有专业化力量的学科馆员队伍，适应各领域学科的发展与建设需求，创新图书馆服务的形式与内容，特别是要增强对学科馆员制度的认识与利用，充分发挥学科馆员的优势和作用，形成高质量、高水准的学科服务。

（一）学科馆员能力培养内容

培养学科馆员的能力涉及多方面的内容：第一，对学科馆员专业知识与能力的培养，主要包括对学科基础知识、理论知识、前沿知识和专业语言知识的培养。第二，对信息能力与信息素养的培养，主要是指信息检索能力、信息处理能力、信息分析能力、现代信息技术能力等。第三，对创新能力的培养，强调学科馆员提高自主学习能力，不断更新自身知识，提升自身的综合水平。第四，进行图情专业思想培养和专业技能培训。学科馆员必须研究学科的基本理论和学科的发展趋势，才能更好地进行学科用户及其信息需求研究。第五，加强对学科馆员专业意识和专业素养的培养，使学科馆员形成强烈的职业责任感、职业使命感和荣誉感，加强对学科馆员的职业道德教育。

（二）对现有馆员的培养

1.通过自主学习获得自我培养

随着计算机技术、网络信息技术的发展，社会各领域的知识资源频繁更迭，知识推新与换代的速度加快，面对这一社会现象，图书馆学科服务要紧跟社会与技术发展的步伐，始终保持知识的高度先进性与丰富性。作为学科服务核心力量的学科馆员必须建立起终身学习的观念，不断更新自身的知识体系，不断在实践中掌握学科服务中心所需的新技术，新理论，新方法和新知识，以提升个人专业知识水平与素养推进学科服务水平的提升。学科馆员本身具有很强的自主学习能力和知识获取能力，对待新知识、新技术较一般用户能够更快地吸收和接纳，同时，图书馆为学科馆员能力的提升营造了优越的知识环境，能够为学科馆员提供必要的文献信息资源、先进的技术设备和良好的学习氛围。学科馆员服务的主要对象是学科用户，这类用户本身具有一定的学科知识以及科研能力，学科馆员在为这类人提供学科服务时会受到他们学术能力、科研能力甚至是学术精神的影响，这对于学科馆员来说也是进行自我提升的重要途径。学科馆员进行自主学习的途径有很多，除了可以进行日常的阅读、研究文献资料之外，还可以抓住机会与学科用户或专家进行深层次的探讨，参与相关的知识讲座等，都可以实现自我学习能力与水平的提升，为更好地提供学科服务做铺垫。

2.通过培训获取培养机会

（1）馆内培训

为了加强学科服务队伍建设，图书馆可以依据自身的实际情况建立起知识经验交流体系，增强内部人员沟通，适时为学科服务队伍提供参与专业知识讲座的机会，促进旧知识的完善与新知识的接收。图书馆可以定时举办内部经验交流会，将不同专业、不同类别的学科馆员聚在一起进行自身服务经验传递。同时推动"以老带新"的机制建设，让经验丰富的优秀学科馆员带动新学科馆员，传授从事学科服务的工作经验，为新学科馆员开展日后的学科服务工作做好准备。

（2）馆外培训

为了让学科馆员开阔眼界，积累经验，图书馆可以有计划、有组织地安排学科馆员去往相应的馆外培训机构进行知识技能 培训，或感受其他图书馆的学科服务建设，使许可馆员能够增长见闻、了解学科发展动态，推进学科服务创新。馆外培训的主要形式有以下几种：①学科服务经验交流报告会学科服务经验交流报告会集中了优秀的学科馆员以及学科服务工作者的最新、最实用的工作实践经验，在会议上，来自各 馆的学科馆员可以互相探讨、研究，从中挖掘各馆在学科服务中的成功经验，去粗取精，去伪存真，为本馆所用。②学科馆员培训班或到学科服务开展得好的馆去观摩学习学科馆员培训班的设立为学科馆员的学习与成长提供了平台，学科馆员可以在这一平台快速掌握学科服务的相关技能，提 高学科服务能力。到学科服务开展得好的图书馆进行观摩学习，可以向经验丰富的学科馆员学习相关知识，以迅速提升自身的 学科服务能力，推动本馆的学科服务建设。

（三）引进学科馆员人才的培养

随着社会研究与学科领域知识的不断扩展，学科服务的内容与形式不断更新，仅仅依靠图书馆现有的学科服务人员队伍无 法满足社会与学科服务的实际需求。因此，图书馆需要引进专业的高素质人才，加入学科馆员队伍中，不断增强学科馆员队伍 的能力与素质，完善学科馆员队伍的结构，推进学科服务水平的整体提升。

（四）外聘资深学科专家兼职学科馆员的培养

资深的学科专家是先进学术知识的掌握者与传播者，他们通常是具有很高学术造诣的人员，在其学术领域具有一定的威望，在其长时间的学术研究过程中总结了相当多的学术经验。聘请这些专家作为图书馆学科服务队伍的成员，可以为学科服务带 来更具权威性、学术性和指导性的学科信息。但是这些专家通常不具备学科服务的经验与条件，因此，对这些专家也要进行相 关能力的培养，如信息能力，技术操作能力以及参考咨询服务能力等。只有这样才能够使学科专家在图书馆学科服务建设中发 挥最大作用。

第六节　图书馆参考咨询

一、图书馆参考咨询概述

（一）图书馆参考咨询的概念

图书馆参考咨询即图书馆的参考咨询服务，在不同的时代、不同的国家有着不同的理解和表述。我国图书情报学界普遍认为，参考咨询是图书馆在使用文献和查询材料时向读者或用户提供的一系列作品。它通过支持研究、建议和文献研究，为用户提供事实、数据、文献研究和研究报告。它是图书馆开发信息资源的重要手段。

（二）图书馆参考咨询的特征

1.服务性

服务性是指参考咨询工作从本质上说是一种知识信息服务。图书馆业务工作内容广泛、环节众多，但同时又是一个由一系列相互联系的工作环节组成的有机整体。参考咨询服务属于读者服务工作范畴，是图书馆传统读者服务工作的开展和延伸。

2.针对性

针对性是指参考咨询工作要针对用户的具体要求，必须有的放矢地开展个性化的服务。例如，有读者到图书馆询问在图书情报工作中应用微电脑查询方面可以阅读哪些读物，参考馆员应当围绕这个问题组织文献，编制题录、索引，向读者提供这方面的知识或关于这方面知识的文献、文献线索。

3.实用性

实用性主要是指参考咨询工作的实际目的。尽管参考服务的任务在不同类型的图书馆之间有所不同，但参考服务的出发点和目标通常是满足社会需求，解决用户在生活、工作和学习中面临的实际问题，及其信息和教育功能。如科研图书馆和高校图书馆是为科研、教学服务，公共图书馆开展社区服务以及为领导决策和企业发展提供咨询服务。

4.智力性

智力性是指从业务上说参考咨询属于一种知识密集型劳动。参考咨询工作是图书馆员与读者之间进行的知识信息的传递、交流与反馈的智力运动过程。

5.社会性

社会性是指参考咨询工作是一种开放性的服务系统，与社会息息相通。参考咨询服务是图书馆员帮助读者使用文献并搜索知识和信息的活动。随着现代信息技术在图书馆中的广泛应用，参考咨询的社会化程度日益加深，服务范围也进一步扩大。

二、数字参考咨询服务

（一）数字参考咨询概念

数字参考服务（DRS）是一种基于互联网的帮助服务。它主要是指数字化和网络化信息环境中的图书馆使用网络和计算机工具和技术来收集、分类和处理图书馆资源和网络信息资源，并通过电子邮件、常见问题解答系统实时回答问题。这种新的读者模式逐渐成为图书馆的基本活动之一，也是现代图书馆发展的主要焦点。

（二）数字参考咨询服务的一般流程

图书馆数字参考咨询服务的运行流程大致包括下列几个步骤。

1.用户提出问题

当用户使用图书馆时，他们可以通过选择所需的咨询方法，提交您自己关于服务需求的问题。

2.问题筛选、分析和分配

图书馆网站过滤、分析和分发收到的问题。如果有无法解决的问题，将退还给您。对于该字段中的问题，首先问上述问题并保存问题文档，以查看问题和答案是否匹配。如果匹配失败，请将您的问题发送给顾问或专家。

3.解答问题

顾问或专家根据现有知识或资源回答问题。

4.答案发送用户

将保存的问题文档中指定问题的答案或顾问的答案发送给用户。

5.跟踪和反馈

监控回答和回答用户问题的整个操作过程，并就问题与用户保持及时沟通，以确保服务的质量和影响。问题解决后，问题和解决方案自动存储在知识库中，以查询类似问题。

（三）数字参考咨询服务的主要方式及特点

图书馆数字参考咨询服务有多种服务方式，使用多种服务模式，不仅可以缩小由于地理原因造成的读者与用户之间的信息差距，还可以为他们提供更准确的信息，促进馆员与用户之间的沟通，可以直接、快速地解决问题。

1.实时咨询

实时咨询是图书馆员和用户之间使用即时聊天工具QQ和微信进行的实时交流。如果用户的一些问题不容易用语言表达，他们还可以使用这些面对面通信软件工具的视频窗口。

QQ和微信应用广泛，方便快捷。所有这些好处使顾问能够充分确定用户的需求并迅速找到答案。虽然实时参考咨询服务可以及时解决用户的问题，但最大的问题是它不是24小时提供的，而是在有限的时间内提供的。高校图书馆的同步参考咨询服务通常在馆员工作时间开放，因此实时参考咨询服务无法满足一些用户的时间需求。

2.合作数字参考服务

由于单个图书馆资源建设和服务能力是有限的，在现代信息技术的支持下，资源共享已成为提高图书馆服务效率、满足全社会信息需求的必然趋势。近年来，我国公共图书馆的资源共享活动取得了良好的效果，产生了全国文化信息资源共享工程、数字图书馆推广工程、全国公共图书馆讲座联盟、全国图书馆联合参考咨询联盟等一批资源共享项目和组织。部分大中城市建成市、县、乡、村公共图书馆服务网络，实现了区域群整体上的资源整合和业务整合，实现了一馆办证、多馆借书，一馆借书、多馆还书的通借通还目标。

（四）数字参考咨询服务的创新应用

企业人员的信息需求层次不一，他们通常需要知悉与本企业良性运行相关的若干信息，以便达到企业利益的最大化。公共图书馆开展咨询服务时，需要分清企业的规模大小和咨询要求，量体裁衣地为企业提供合适的、力图解决企业外部问题的、促进企业发展的有效咨询。企业咨询服务以情报产品提供为主。公共图书馆的文献提供依赖于丰富的馆藏资源，可以体现为文献传递、参考咨询、馆际互借、文献传递、信息传播等服务形式。作为参考咨询的文献提供是以咨询服务为根本目的，通过文献检索、查询、传递服务来满足用户的咨询需求，用户在此过程中通常需要负担费用。中国知识库参考体系需要完整而专业的标准和规范，知识库的建设必须严格遵守标准，并与其他系统兼容。高校图书馆数字资源数据库的建设应遵循优质资源与特色资源相结合的原则。

图书馆还必须收集广泛的网络信息资源，组织特色信息，以满足馆员的需求。有不同类型的数字资源，其中一些需要由光盘和磁带等介质读取。在计算机或手机的帮助下，一些电子书籍，如硕士和博士论文、专利、文献和期刊，可以阅读相关信息源。高校图书馆必须重视数字参考信息资源的管理和组织。图书馆应组织适当的工作人员管理和组织数字资源。良好的知识库运作要求图书馆员不断收集和改进信息资源，以便有效地运营数字参考服务。提高参考咨询服务的质量。

1.引进新技术和新方法

图书馆咨询服务的形式传统咨询电话咨询、到馆咨询网络咨询：信息推送、虚拟咨询虚拟参考咨询是指基于互联网的参考咨询，以网络技术作为依托，可利用的参考信息除了纸质文献外更多的是数字文献。虚拟参考咨询具有及时交互性、开放广泛性、公益指导性，服务手段网络化、服务方式个性化、服务资源共享化等特征。其类型主要有：E-mail、网络表单、邮件列表、BBS服务、实时交互式服务IRS、网络呼叫中心、合作虚拟参考咨询等。

2.图书馆咨询工作的流程

受理咨询：口头、书面、电话、信函、网络等分析研究：制订检索方案。文献（信息）检索：查找文献（信息）。答复咨 询：提供答案，介绍参考工具书；提供专题书目、二次文献及文献线索；直接提供原始文献；提供网址。建立咨询档案：记录读者信息、咨询内容手段、解答方式，读者反馈意见等。

（五）流动服务

流动服务是为远离图书馆和不便来馆的读者及潜在读者提供文献服务的一种服务方式，也称为移动图书馆或流动图书馆，是图书馆开展延伸服务的有效方式。流动服务包括汽车图书馆、流动服务站等多种形式，较为常见的是流动服务车，也称为汽车图书馆。新技术的使用促进了数字参考咨询系统的发展。只有强大的数字参考咨询系统才能为高质量的服务提供基础。虽然大多数数字参考软件功能相对完整，但每个软件都有其范围和局限性，以及相应的缺陷和功能缺陷。在购买软件时，您必须考虑许多因素，如价格、质量、功能、舒适性等。

参考服务充分尊重用户隐私和知识产权保护。用户可以通过数字参考咨询服务系统向图书馆员提出各种问题。图书馆顾问必须遵守用户保密原则。

1.学科资源

类型多样的学科资源是学科服务的重要基础之一。学科信息资源是学科服务发展的前提条件，学科服务机制的建立、运行 和实施离不开学科资源。这里提到的学科信息资源是内容丰富的文献资源保障体系中的专业学科知识信息资源，以学科专题知 识库为重点。学科专题知识库是学科信息服务系统中的一种特殊的学科知识集合，是知识型学科信息服务区别于传统文献型信 息服务的主要特点之一。学科专题知识库中的知识主要包括显性知识与隐性知识两部分：显性知识是指学科馆员在处理学科用 户的问题时可以查找到的已存在的专业知识资源；隐性知识是一方面是指学科馆员自身的隐性知识，另一方面则是指为了解决 用户特定问题而运用学科信息资源系统中的显性知识所形成的新知识成果或知识信息。

2.学科门户

学科门户是学科服务平台上最重要的版块，它代表着学科服务平台的门面，主要利用互联网先进技术建立起BBS、学科博客 、学科动态、学科人物和学科学术信息推送、虚拟学习社区等。学科门户整合了用户所需的学科知识信息资源，以网络手段为 依托将这些信息资源组织和应用于一个可定制的个性化界面中，为用户提供了一个充分满足学术交流需要的网络信息环境，是 学科用户最终享受学科服务的必经之路。

3.学科咨询

学科咨询主要包括咨询服务和知识库两类。咨询服务是指学科馆员运用现有的图书馆参考咨询服务台和参考咨询服务模式，为用户提供科学有效的信息服务。知识库是指学科馆员将接受的咨询各类问题进行整合，不断向知识库中增添新的内容，方便学科用户进行自助服务。

4.后台管理系统

后台管理系统是保障学科服务平台正常稳定运行的主要管理功能，它一般会选择性能好、稳定性强、响应速度快的数据库作为数据管理基础，设计程序时遵循方便、易操作的原则要求，以便于日常维护。在系统管理模块内部，主要设置系统参数权限管理，当学科服务平台需要加入新的学科知识时，需要对平台系统中的参数进行设置，在相应功能中加入新学科知识的相关内容。在系统安全的问题上，可对不同类别的人进行访问权限设置，通常是图书馆馆长与主管领导权限最高，向下依次为学科馆员、其他领导和部门同事，这样就有效地保证了系统数据的安全，同时分工明确，强化了系统操作的稳定性与方便性。后台管理系统能够对各个模块内的信息资源设置特定的检索字段，使系统具有强大的检索功能，进一步提升了学科馆员的工作效率，为学科用户提供了更加快捷、有效的信息获取方式。

第七节　公共图书馆学科服务评价

一、学科服务评价的目的

图书馆学科服务评价在一定价值观念引导下，以一定的技术和方法对图书馆服务的所有信息进行收集，并根据这些信息对服务过程和效果的作用进行客观衡量和价值判断。学科服务评价是图书馆工作规划中的一个重要环节，是实现图书馆服务目标的重要方式。学科服务评价的目的在于：

（一）指明服务方向，创新服务理念

学科服务方向是指从图书馆的管理运行体制到服务内容与服务手段都应体现图书馆学科建设服务的需求，最终在于为图书馆发展服务。服务评价可以对服务方向是否正确、服务手段是否合理进行判定。学科服务评价需要认定学科服务的计划、目标与发展方向，了解学科服务的思想建设，分析学科服务管理的过程，检验学科服务的最终成果。利用服务评价，矫正学科服务设计与开展时的不足，引导其向正确的方向发展、前进。

（二）改善服务条件

图书馆服务条件是指实施学科服务的物质条件，如学科服务的场所、设施、人员、资金等，服务条件的好坏会对学科服务工作造成直接影响。通常一个物质条件优越的图书馆，其服务质量与服务水平相对于物质条件差的图书馆要更高。然而，服务条件应与图书馆的实际情况相适应，条件的改善应与学科服务工作同步开展。如果学科服务的基本条件超出工作需要是一种资源的浪费；如果学科的基本条件不能满足工作的基本需求，那么必然会阻碍工作的进行。因此，应对服务过程中的相关因素进行科学评价，找出薄弱环节，并在此基础上制定改进措施。对于图书馆来说，学科评价能够准确判断出学科服务条件中的不适应的因素，对于这些因素可以加以优先改善。

（三）优化管理过程

学科服务管理是学科服务正常进行和有效实施的重点，是学科服务的重要保障和可持续发展的支撑力量。对图书馆学科服务管理过程的评价，主要指对学科服务管理过程中形成的数据信息进行统计与分析。另外，对学科服务管理过程进行定性和定量分析，可以使学科服务管理更加高效合理，进而优化学科服务管理过程。

（四）提高服务质量

图书馆的服务质量是指图书馆进行服务的过程与服务产生的最终效果的优劣程度，表现为服务取得的效益多少、达到目标的程度以及问题解决的情况，最终反映在用户和服务组织双方的满意程度上。服务质量的高低一方面取决于图书馆服务能力上，另一方面还体现在用户在接受服务过程中的心理感受上，用户是服务的直接接收者，如果用户能够主观感受到服务，并肯定服务带来的效果，那么就证明图书馆的服务质量较高，用户的满意度较好。学科服务是伴随着用户的实际需求而出现和发展的，学科服务缺少了用户或者用户的满意和满足就很难立足。以学科用户的满意度对学科服务进行客观评价是科学、公正、合理的，它降低了图书馆管理者对学科服务评价过程中的主观性，使得学科服务评价结果更具有说服力。同时，用户对学科服务的满意度可以使图书馆学科服务机制的不足与缺陷显现出来，引导学科服务进行内容与形式上的转变与更新。将学科用户作为学科服务评价的重要群体，可以让更多的用户充分了解学科服务，激发学科用户参与学科服务的热情，树立主人翁意识。另外，学科用户作为学科服务评价的主体，能够有效监督学科服务的过程，对于推进学科服务开展、提升学科服务水平具有重要意义。

（五）提供决策依据

学科服务评价是了解用户对学科服务内在感受的有效途径，通过评价可以进一步了解用户对学科服务的真实需求，促进学科服务的完善与发展。学科服务的开展应与学科建设的客观实际相结合，学科服务的内容、方式与范围应与图书馆的可持续发展需要相适应。因此，图书馆在进行学科服务决策时，要对学科服务评价结果进行充分的调查与论证，对调查的结果进行全方位的分析与判断，根据有效的评价结果改善现有学科服务过程中的不足，推进学科服务内容的转变，为学科服务的深层次发展提供依据，为图书馆管理者决策提供可靠的证据。

二、学科服务评价的意义

（一）有利于学科服务工作的整体优化

学科服务评价是图书馆学科服务体系中必不可少的环节，是促进学科服务进一步优化的保障。总体来说，学科服务评价充分考虑了学科服务体系中各层次之间的联系，是结合学科服务现状和实际工作目标，对学科服务过程中各项工作内容的综合性评价。在对学科服务的评价过程中，同时也会引起图书馆管理者与馆员的关注，进而更容易发现不同角度、不同层面的优势与不足，全方位加强对图书馆学科服务的认识，对学科服务机制中的缺陷与不足进行针对性地改善与优化，为图书馆学科服务发展奠定了良好的基础。

（二）有利于丰富学科资源

学科资源建设是图书馆的根本任务之一，学科服务的开展需要得到学科资源的支撑。为了充分发挥学科资源的优势，保证学科资源建设符合学科用户的基本需要，为学科建设提供必要的资源保障，图书馆必须建立相应的学科服务评价标准，对学科资源的标准、原则、结构、规模、类型、数量、内容、质量、价值以及学科馆员选择资源的方式、资源现状、学科资源需求等多个方面进行科学、系统的评判，对学科资源中存在的不足进行进一步完善。

（三）有利于提升学科服务的质量和效果

科学客观的学科服务评价是提高学科服务质量的重要保障。通过经常性的学科服务质量评价，了解学术用户对服务的认同度、满意度，找出服务中的不足之处，不适应学科服务之处，进行适当的调整和改善，使环境布局更加明确，设备配置更合理，工作方法更加科学，工作任务更加清晰，工作内容更加合理，从而使学科服务机制更加全面、系统，实现服务机制的最优化。

（四）有利于图书馆社会地位提升

学科服务评价既是一个改造、完善图书馆自身服务机制的过程，同时也是一个宣传图书馆服务的过程。通过服务评价，可以增强学科用户对图书馆的认同感和满意度，引起社会与国家对图书馆的总是，有助于进一步帮助图书馆更新设备设施，优化学术环境，改进服务方式，优化学科服务质量。同时，学科服务机制的完善有助于培养学科馆员的工作积极性，不断根据变化的形势转变自身的服务态度与方法，全身心为用户服务，以获得更多的用户认同，进一步提升图书馆的社会地位。

三、学科服务评价指标的构建

为了保证学科服务评价的顺利实施，必须建立一套能够保证预期目标实现与服务效果衡量的有效的指标体系。评价指标体系中集中反映了学科服务评价的内容和评价方法，必然会直接对评价结果产生影响。因此，科学、合理的学科服务评价指标的构建势在必行。

（一）学科服务评价指标构建的要求

我们在对学科服务评价指标进行设计时，需要从图书馆学科服务的性质、特色与方法等方面出发，确定既切合实际又符合长远发展规划的评价指标，使评价结果能够切实反映学科服务的水平和质量。通常情况下，学科服务评价的构建应符合以下要求：

1.科学合理

学科服务评价指标的设计要以科学合理为基础，从学科服务的现实情况出发，确定符合学科服务发展方向、准确衡量和反映学科服务规律和趋势的指标体系与原则，保证指标体系设置的科学性与合理性。

2.全面系统

学科服务工作是一个完整的、系统的过程，学科服务指标的构建也应从学科服务的整体出发，全面、系统地展现评价对象的基本情况。随着学科服务的广泛开展，学科服务评价的内容也日渐增多，这就要求在设计学科服务评价指标时，要从服务的整体性出发，充分地考虑到学科服务工作的方方面面，是评价结果尽可能准确和可靠。

3.简练可操作

这里所说的简练可操作是指标体系在全面系统的基础上应尽可能清晰、精练且可操作性强。进行指标体系设计时要分清主次，对重要的、影响较大的加以详细阐述，有些次要的、偶然性的尽量不放置在体系内，力求指标体系内容能够既全面又细化，同时具有可操作性。

（二）学科服务评价指标设置原则

1.现实性与前瞻性相结合的原则

服务评价是一项有意识、有目的的活动，通过对图书馆学科服务的现状进行评价，使图书馆学科服务不断完善与发展。因此，在设置评价指标时，应该结合图书馆学科服务的现实情况，通过评价为服务工作开展指明方向，同时还要了解未来学科服务发展态势，制定出具有前瞻性的学科服务评价指标体系，确定许可服务日后的发展目标与重点。

2.定量与定性相结合的原则

客观存在的一切事物都是质和量的统一，当量积累到一定程度上时就会产生质的飞跃，学科服务也不例外。在学科服务评价时，最直接的形式就是指标量化。为了保证评价在更充分的基础上进行，增强其可信度，在评价指标制定时，主要应以定量指标为主，定性指标为辅，尽可能将各项指标进行定量阐述。然而在具体操作中，很多指标是无法进行定量阐述的，因此需要先定性后再进行定量，如此间接地获取量化数据。

3.静态与动态相结合的原则

静态指标展现的是学科服务在某一时间节点上的情况，动态指标展现的是学科服务在某一段时间内的情况。为了保证评价结果的科学性与合理性，学科服务评价既不能停留在某一时间节点上，也不能只关注某一时间段上，而是应从整体发展出发进行权衡考量。因此，在对评价指标设计时必须坚持静态与动态相结合的原则，通过对比各个时段的变化程度来反映学科服务的整体情况。

4.整体与部分相结合的原则

学科服务作为一项全面、系统的工程，是由各个子系统与工作要素共同组成的，学科服务的开展是多方面要素互相联系、共同作用的结果。因此，在进行学科服务评价指标设计时，不仅要考虑学科服务的整体性，同时也要将学科服务系统的各要素进行层次划分，建立起不同层次的子评价指标体系，通过评价对学科服务的各环节进行优化与改善，保证学科服务体系的完整性与稳定性。

四、学科服务评价方法

（一）经验评价法

经验评价法主要以人的实际经验作为评价的标准包括观察分析法和调查研究法等，通常用于工作检查与工作总结中。由于人的主观意识不同，这种评价方法受到人的经验、眼界、知识等多方面影响，具有很强的随意性。通过经验评价一般很难得到客观的、有效的评价结果。因此，这种评价方法通常只用于图书馆学科服务发展初期，在日后的发展阶段很少使用。

（二）定性评价法

定性评价法是指在评价者的主观判断基础上，按照已确定的标准对评价对象进行非量化的状态评价，具体包括现场访谈法、问卷调查法、学科专家评价法、对比法等。定性评价方法在一定程度上体现了学科服务的价值，大致上可以反映学科服务的现状，能够处理一些不宜于定量分析的问题。在使用定性评价方法时，由于评价者的知识储备与工作经验的不同，或者评价者对被评价对象有明显的偏颇，评价结果会有很大的差异甚至歪曲。同时，由于缺少相应数量的数据支持，这只是一个抽象性的评价，其说服力也有所不足。因此，在进行定性评价时，一般需要对评价结果进行可靠性分析。

（三）定量评价法　定量评价法是采用数学或统计学的方法

利用一定的数学模型来进行判断的方法，具体包括概率抽样法、模糊评判法等。客观上讲，定量评价法克服和减低了评价者的主观、随意性和价值或利益的偏差，它提供了一系列的客观、精确、清晰的数据，是一种系统、客观的数量分析方法，其评价结果具有很强的可靠性。随着现代计算机技术的发展和应用，定量评价方法已被广泛应用于许多领域，无论是图书馆学科服务评价还是其具体工作评价都广泛应用这种方法进行评价。

第七章　公共图书馆服务体系创新

第一节　大数据时代公共图书馆服务变革与创新

大数据开创了一个巨大变革的时代，改变了我们的生活方式和对世界的理解，成为新发明和新服务的源泉。在信息呈指数级增长的时代，改变我们对数据的思维方式尤为重要。互联网的广泛应用使大数据变得更加强大，渗透到生活的各个领域，成为时代的主题。在这种背景下，图书馆作为一个传统产业，既有机遇，也有挑战。只有顺应这一趋势，图书馆资源建设和用户支持才能在"互联网+"、云操作的变革中生存和发展。

一、大数据与"互联网+"概述

（一）大数据及其特点

随着互联网、移动互联网、物联网和移动通信技术的快速发展，人类的知识和信息迅速增长，大数据的概念也随之诞生。它被定义为传统数据库软件工具在一定时间内无法捕获、存储、管理和分析的记录。大数据的4V特性，即体积（巨大的数据量）、种类（不同的数据类型）、速度（快速的处理速度）和价值（低价值密度），也得到了业界的认可。随着大数据的引入及其认识的逐步深入，世界上许多国家相继将大数据推进国家战略，我国也正式将大数据纳入国家战略。大数据市场规模的变革和创新发生在生活的各个领域，毫无疑问，人类已经进入了大数据时代。在大数据时代，我们必须做出改变，"以概率说话，而不是以不变的面孔说话"。以大数据的战略眼光来看，我们必须重新探索我们运营的世界和行业，深化行业数据的探索和分析，以便更有效地进行评估和决策。

1.大数据与图书馆

图书馆作为人类文化的信息库，在保持传统服务模式的同时，也十分重视信息技术的应用。长期以来，图书馆收集了大量的电子资源，智能手机、移动图书馆、微信的普及等数据，为图书馆提供了大量的数据，呈现出快速增长的趋势。

云计算、RFID和其他新技术的应用和发展提供了广泛的大型数据源。大数据的发展无疑给传统图书馆的服务带来了挑战和机遇。这些机会是在广泛渗透新概念、反思和创新服务，特别是"互联网+"的基础上利用的。图书馆在改革创新过程中的进一步发展是一项重要任务。近年来，大学和公共图书馆为分析读者的信用行为提供了大量数据。其目的是代表数据发言，全面合理地分配资源，改善阅读体验，提高服务质量。

2."互联网+图书馆"

互联网的出现是人类通信技术的一场革命。作为一种媒介，它改变了人类信息文化的传播方式。虽然"互联网+"没有名字，但电子商务、在线金融、在线影视等行业确实是"互联网+"的杰作。随着互联网技术在生活各个领域的逐步渗透和广泛融合，"互联网+"旨在将互联网创新成果融入经济社会领域和技术进步，促进效率和组织变革，提高实体经济的创新和效率，创造更广泛的互联网基础设施和创新要素。"互联网+"已经达到国家战略水平，对传统产业的影响越来越大。"互联网+"是指传统的"互联网+"产业。"互联网+"图书馆是图书馆、传统文献信息服务和互联网技术的深层次融合，为图书馆服务带来了新的发展生态。

3.高校图书馆发展现状与展望

在大数据时代的"互联网+"环境中，高校图书馆的发展因历史环境而异。"985"和"211"等重点大学由于资源保护和人才队伍的完整性而得到高度发展，而一些普通大学，特别是欠发达地区的高校图书馆，由于资金限制和设备不完整等因素而发展困难。

高校图书馆是大学文学的信息中心。随着互联网的影响，其中心地位发生了变化。不可否认，高校和公共图书馆普遍降低了纸质文献的借阅率，在线电子阅读的影响无疑是一个重要因素。在"互联网+"的浪潮下，现代图书馆进入了图书馆+时代。然而，一些高校的纸质文件收集有限，没有时间扩大其他多功能服务，很难提高服务水平，因为它只满足读者的基本需求。

（二）队伍建设举步维艰

高校图书馆一直是各类学校工作人员的家。由于各种历史原因，图书馆员的构成相对复杂。其中，考勤和专业技术人员的构成非常复杂，教育水平和专业类别不同。他们中的大多数人没有专业背景，缺乏系统的职业培训，对图书馆的专业缺乏深刻的了解，尽管他们中的大多数人可以保证普通大学图书馆既定程序的定量实施，但50%的专业和辅助馆员的要求与他们在执行标准方面的素质相去甚远。图书馆员的综合素质很低，尤其是在数据技能、网络思维和技术方面。随着大数据与互联网深度整合时代的到来，资源优化、信息收集与处理以及准确的专业服务对图书馆员的整体素质提出了更高的要求。目前，图书馆员普遍缺乏专业知识和综合素质，这给图书馆服务的改革与创新带来了巨大的阻力。

（三）服务理念未能更新

当有人读图书馆时，图书馆就存在了。图书馆一切工作的出发点和基础必须是人。尽管有"读者第一，服务第一"的口号，但高校图书馆长期以来一直坚持"图书第一"的理念：所有关于图书、采购、编目和文献资源流通的工作都是文学的重点。图书馆传统的服务模式是借书和室内阅读。各部厅的开放时间和服务模式受到严格限制。此外，服务人员的素质参差不齐。随着时间的推移，读者与馆员、读者与文学资源之间存在着差距。"以人为本"和"以用户为中心"的服务理念没有及时落实，制约了服务模式的改革和服务水平的提高。

（四）任重道远

高校图书馆是高校的文献信息中心，也是一个致力于员工培训和科学研究的学术机构。只有加强高校图书馆的建设，只有这样，才能提高专业服务水平，增强学校话语权。然而，事实并不乐观。由于专业环境不同，学术环境宽松，缺乏学术带头人，高校图书馆的大部分研究项目和成果都不理想，难以与高校相比，逐渐被边缘化，严重制约了图书馆的整体发展和个人进步。

1.大数据时代的"互联网+图书馆"新服务

大数据和"互联网+"是传统图书馆的机遇和挑战。对于传统图书馆来说，需要在互联网时代做出改变。因此，图书馆员必须转变思想，利用互联网技术，完善图书馆对读者资源的运作模式，树立以用户为中心的服务理念，创新服务模式，提高服务的专业化和准确性水平。

（1）树立以人为本的服务新理念

作为"互联网+"新概念的一部分，读者对文学信息的获取将多样化，不再局限于图书馆或数据库：我们需要改变传统的服务模式，整合用户的思维，实现从被动的服务观到主动的服务观和思维的转变，积极适应以人为本的服务模式，并进行决定性的研究。首先，利用网络技术学习经验数据，提高销量，并利用读者的历史数据提供具体的图书推送服务，激发读者的阅读兴趣。其次，利用O2O模型实现在线贷款和分销。一些公共图书馆开始尝试。大学最初可以与教师进行实验，学生图书馆员负责分发。第三，加强专业图书馆员的服务，积极与大学教学和研究相结合，利用大数据图书馆和互联网进行信息数据分析，为教学教学和研究提供专业服务。第四，图书馆员的最终职业目标是整合现有资源，建立软知识渠道，为不同类型的读者提供个性化服务，实现每个读者的总体职业目标。

（2）面向用户的资源建设模型的建立

公共图书馆和少儿图书馆应当将少年儿童作为图书馆的重要读者对象提供主动充分的服务，根据年龄与功能分区开展服务，策划组织举办形式各异的少儿阅读推广活动。公共图书馆对老年人、残障人士的服务应体现人文关怀，在设施设备配置上要充分考虑他们的身体特点和需求，除提供普通的借阅服务外，要根据他们的特点开展导读、培训等活动。公共图书馆要针对农民工的需求开展阅读服务与信息服务推广只有通过自愿变革才能产生效力。尽管推广的影响力来自策略地运用沟通这一手段，然而在引起人们行为自愿变革方面，这种影响力还是相当有限的，除非有其他途径以权力迫使人们依从。可是我们不能利用推广来强迫人们去做违背自身意愿的事情。

（3）建立高质量的创新管理服务团队

人才是决定图书馆服务的重要因素。要改革和引入创新的服务体系，就需要通过"互联网+"图书馆模式培养服务和管理创新人才。首先，我们需要改变我们的观念，让每个图书馆员都意识到大数据时代图书馆服务创新的重要性。其次，我们必须加强对现有图书馆员的专业和系统培训，使大多数图书馆员能够掌握新的在线技能，适应新服务模式，在不断的实践中更新知识体系，全面提高专业和职业水平。图书馆和教师教育必须为系统的教育和培训创造机会，创造和谐的发展环境，扩大与同行的交流平台。最后，要引进合适的人才，建立领导水平。图书馆管理人员必须考虑到其专业或专业活动的适当连续性。第四，重视高校图书馆建设，通过科学研究提高理论水平和实践能力，促进学术团队的发展，建设一支具有优秀专业技能和网络数据的团队。

（4）增加基本投资和提供跨境差异化服务

大数据时代"互联网+图书馆"的发展主要是对技术设备的投资。需要增加对存储设备、服务器更新和更新以及相关技术设备的支持。例如，智能图书馆 RFID 系统用于实现自动清点、自助借阅和归还、区域定位、图书自动分类、有效改善图书管理模式、人员解放和提高工作效率等功能，使大使馆工作人员有时间和精力从事其他专业和技术服务。"图书馆+"的概念源于"互联网+"的概念，即跨境图书馆服务。未来，图书馆将成为一个集信息、学习、休闲和传播服务于一体的综合服务组织，如教师讨论室、学生阅览室、图书馆+咖啡馆、图书馆+书店、图书+制作室等。只要用户有需求，图书馆必须努力满足这些要求，充分体现以人为本的服务理念。

（5）建设优秀数字图书馆实现资源共享

推广是一种经过系统设计的、有计划有程序有目标指导的活动，具有很强的目的性。推广的目的有两个：一是直接目的，二是最终目的。直接目的是引发推广行为的动机。为了实现推广的最终目的，变革行为者需要科学合理地设计其直接目的，并努力使干预目的与用户目的相一致，以实现推广效益的最大化。推广目的（直接目的）与用户目的的一致性程度是有差别的，通常有以下四种情况：①推广目的与用户目的相同。②推广目的与用户目的部分相同。③推广目的与用户目的相联系。④用户目的能够被转化为适合于推广目的。第一种情况可能发生在由慈善机构提供资金的志愿组织开展的推广活动中，或者是由用户自己付费请商业公司为其提供的推广服务中。第二种情况经常发生在农业推广中。用户目的是多赚钱过好日子，推广目的更多的是为国家利益服务。第三种情况经常发生在诸如广告一类的领域中。第四种情况是指推广除采用沟通干预外，还可采用其他手段达成推广目的。如价格刺激和补贴可以使用户对推广咨询服务产生兴趣。当推广目的与用户目的完全相反时，沟通干预是不起作用的。若想通过推广让目标用户去做他们不愿意做的事情，那是根本不可能的。当推广与其他手段如价格刺激、补贴等结合使用时会促使目标用户按照推广目的行事，这时推广的力量变得最大。然而这种力量很明显不是来自推广本身而是来自其他手段。因而纯粹地推广其力量是十分有限的。

（6）提供"数字存储"的归档和挖掘服务

在大数据时代，图书馆争夺数据总量以及探索和分析数据的可能性。因此，图书馆作为高校文献信息中心，应重视对潜在有价值信息的提取和分类，做好分类和归档工作。对于高校来说，每天都会产生大量的教学、学习、管理、广告等数据。如果他们不注意自己的行为，信息随时可能落入快速的知识流中。图书馆必须承担起归档的责任，并注意大规模数据的收集、存储和集成。这是大数据时代给我们带来的机会和使命。图书馆员必须有所作为，采取行动，为自己的职业价值观而战。

第二节　新技术在公共图书馆服务中的应用

信息技术的迅速发展极大地改变了用户获取信息的方式，也改变了包括图书馆在内的信息服务业的发展趋势和服务方式。在国际图书馆联合会（IFLA）的趋势报告中，对图书馆业发展的总体预测首先涉及技术。预测技术的发展趋势主要包括：网络是图书馆和信息服务的主要战场；图书馆资源的基本类型是数据；智能图书馆已成为一种新的设计目标。事实表明，新技术的出现和发展必然对图书馆的信息服务产生深刻影响。目前，网络挖掘技术、信标技术、AR技术和3D打印技术的迅速发展也给图书馆服务带来了根本性的变化。

1.网络挖掘技术的应用

在新的转型时期，图书馆信息服务和知识的性质没有根本改变，但信息提供的方式发生了变化。图书馆必须渗透到各个方面，通过网络和数字化满足用户的信息和知识需求，促进整个社会的文明进程。网络是图书馆信息服务的重要战场。完善基础设施，建立信息网络传输机制，加强信息共享，提高服务效率，是数字信息时代图书馆服务创新的基础。数据是图书馆的基本资源类型，包括两个含义：第一，电子数据已成为图书馆知识的主要载体，电子图书、电子期刊和数据库在图书馆馆藏中的比例将继续上升；第二，用户数据也是图书馆资源的重要组成部分。图书馆必须能够充分利用其价值，并通过使用大数据、数据云和数据来探索服务创新的新机会。公共图书馆服务的具体实施体现在三个方面：建立基于图书馆门户和信息系统的快速信息服务网络；在文献数据库的基础上，建立知识服务数据库，协调自己的数字资源共享，提高知识服务能力；基于原始读者数据库，可以复制用户的阅读偏好和使用习惯，为读者创建大量数据。一方面有利于图书馆资源建设，另一方面有利于为用户提供准确的服务，提高信息服务水平。

2.信标技术的应用

不论是百度百科、互动百科还是MBA智库百科，在说明新媒体概念时都介绍了一些比较有代表性的阐述，各路专家学者从不同的视域、不同的角度作出了不同的诠释。因为新媒体只是在媒体之上加上了一个"新"的属性，人们可以从不同的角度去诠释这个"新"，可谓仁者见仁，智者见智，但是新媒体新在哪里，是简单的量变的叠加，还是发生了质变的飞跃？新媒体的创新之处是什么？它的价值核心又是什么？它到底能否以"芯"换"新"，进而达到"芯""新"相印呢？数字化媒体、网络媒体、新兴媒体、新型媒体、多媒体、自媒体等与新媒体又是什么关系呢？境发送独特的标识符。接收ID的应用程序根据用于内部定位、库导航、位置推送等的ID执行一些操作。可以使用。灯塔技术在图书馆服务中应用的主要变化是读者可以根据地理位置实施个性化信息服务。例如，根据读者的空间进行智能搜索和建议，个性化信息，并联系附近的图书管理员寻求帮助。

3.人力资源应用技术

随着计算机图形成像技术和空间定位技术的发展，全球定位系统、重力加速器和电子罗盘在一些移动终端上得到了广泛的应用。增强现实（AR）技术越来越成熟，其场景和应用领域越来越广泛。它使用户能够更直观地了解图书馆的空间和资源。这是一个典型的图书馆案例，强调了互联网背景下的用户体验和用户服务。特别是，人力资源技术可用于图书馆的阅读体验、图书推荐和风险承担游戏。

AR 书最重要的特点是场景的真实性。流动的河流、三维的房屋和现实的人物可以生动地描绘使知识变得无聊的抽象物体生动有趣。AR 书籍可以放在图书馆的展厅里。一方面，它们可以充分展示图书馆对使用尖端技术的态度，另一方面，它们可以有效地激发读者的良好行为。提高用户的阅读体验。AR 技术可以帮助用户实时查看和阅读评论。当用户扫描一本书时，他们可以检查以前读者的阅读情况经验和评论。随着越来越多的评论，用户可以更全面地了解这本书。这种在用户之间交流隐性知识的方式有助于读者产生更多创造性的理解和知识。游戏服务越来越受到图书馆员的重视，人力资源技术可以使图书馆的游戏服务更加生动、现实。游戏能够让读者更全面地了解图书馆，关注相关资源，并接受信息素养培训。

4.3D 打印技术的应用

近年来，3D 打印技术作为新工业革命的代表技术，在许多领域得到了迅速而广泛的发展。3D 打印技术有效支持创造力可视化并通过原型设计帮助技术创新。随着创新在全社会的普及，包括创业在内的越来越多的知识服务机构在这一领域教育或工作的图书馆。越来越多的国内外图书馆建立了创作空间，以促进创作者的教育，引导和鼓励用户的创新。特别是，一方面，图书馆可以设立专门的创新讲习班，让读者通过 3D 打印机和其他设备将创新思想转化为视觉对象，逐步帮助学习培养解决问题的创造性思维方式；另一方面，图书馆可以利用 3D 打印技术为馆员提供图书馆服务设计。

科学技术是第一生产力。信息技术的迅速发展促进了经济、文化和教育的创新。信息科学技术的快速发展极大地改变了公共图书馆服务的外部环境，重塑了公共图书馆服务的新发展趋势。图书馆是一个不断发展的有机体，这意味着随着外部环境的变化，公共图书馆只有调整和改变其固有的结构和服务模式，积极应对挑战，才能成为一个不断发展的图书馆。先进的科学技术带来了这一点。为了跟上这些技术发展的最新趋势，公共图书馆必须明确技术是一种手段和工具。只有当技术与特定的解决方案和服务相结合时，它才能真正发挥作用。因此，在服务创新过程中，图书馆必须能够一些技术灵活应用于服务的具体实践，提高服务效率，扩大服务范围，丰富服务内容，优化服务体验，提高服务效率，确保服务质量。

第三节　公共图书馆服务创新动力机制

力量是推动事物运动和变化的因素。各种动力因素的结合创造了事物运动和发展的动力机制。所谓图书馆服务动态创新机制，是指在图书馆维护过程中重建图书馆服务动态创新要素，以提高图书馆的基本绩效为重点，满足用户的信息需求，解决实际问题。

只有解决动力机制问题，图书馆才能积极培养自己的创新服务能力，认真解决一系列运行问题。因此，研究和建立我国图书馆服务创新的动力机制具有重要意义。

一、服务创新动力机制的理论研究

（一）服务创新动力的基本理论

在技术创新领域，对技术创新的动力进行了仔细研究，主要包括技术力量、需求驱动因素、政府实体、企业创新偏好等。然而，技术创新理论往往强调特定驱动力的作用，而忽视其他驱动力。在当前对服务创新的研究中，人们发现服务创新的不同动机之间存在相互作用。事实上，服务企业的创新无处不在。新产品和服务改进的创造力和新知识可以来自研发以外的其他员工、客户甚至竞争对手。服务创新实施动力模型的理论概念是，驱动力主要分为外部驱动力和内部驱动力，包括线索和参与者，内部驱动力主要包括管理和战略，创新研发部以及员工。

然后，将服务创新的内部和外部驱动因素结合起来，提出了一个更系统的服务创新动力模型。在该动态模型的基础上，根据不同动态要素的组合，提出了四种典型的服务创新模式：研发模式、服务专业化模式、组织战略模式和网络模式。目前，服务创新的趋势是战略性和系统性的。系统论原理表明，任何系统的正常运行和发展都必须有足够的性能和科学的性能机制。首先，图书馆服务创新必须解释其动力和机制。

（二）图书馆服务创新的动力理论

图书馆服务创新主要体现在内部绩效和外部绩效两个方面。内生力量是图书馆系统中自发的内在力量，是图书馆参与市场竞争和自我发展的内在需要，也是图书馆在服务创新中最大限度地发挥社会和经济效益的努力的结果。特别是，图书馆服务创新的内在动力涉及服务创新的最高价值理论、服务创新的内容、服务创新的模式等。在新技术的影响下，图书馆的发展优势更加明显。外力是指外部环境对图书馆施加的力量，图书馆的结构和发展有赖于图书馆。这主要是由于图书馆与社会需求之间的互动，以及政府在文化经济领域的有意识的规划和行为。社会需求和政府行为是影响图书馆外部竞争优势、社会经济发展和文化进步的重要因素。

二、图书馆服务创新的动力机制类型

（一）服务利益驱动机制

鼓励和鼓励图书馆参与服务创新，就没有具体的行动。图书馆服务创新的优势在于服务创新所能达到的满意度。这还包括图书馆通过服务创新为社会带来的公共利益，以及社会对图书馆的回报。新媒体由于形式多样，使每个参与者都不再是孤独的个体.而是互联网大家庭的亲密成员，并且可以通过各自的平台进行对等的交流。与此同时，传播方式的根本转变，也使得平台中的任何人都可以成为主体，进行各种形式的互动。只有服务创新能为图书馆和社会带来实实在在的利益，图书馆才能引入创新服务。这是图书馆服务创新的根本力量。

（二）社会需要拉动机制

基于以下事实，提出了客户在客户主导创新过程中的积极作用的认知概念：促进创新的第一件事是关注市场，并通过教育和帮助加强用户参与。客户的强度和参与是影响服务企业创新模式的两个主要市场因素。社会成员和政府组织对信息的需求可以成为图书馆服务改革和创新的强大动力。这种需求机制的建立需要一定的社会和经济条件，由于条件的不同，其影响也不同。

（三）政府支持促进机制

政府的重要作用是促进服务创新。这一作用很重要，因为它可以直接促进创新或导致新的立法。这两个因素可能是服务创新的引擎。由于图书馆服务的长期性，很难在短时间内直接观察到图书馆服务在经济和社会发展中的作用，因为图书馆服务在文化建设中往往被忽视。

第四节　公共图书馆空间再造创新服务

随着时代的变化和发展，图书馆服务模式从单一到多元的历史发展已成为必然趋势。如何更好地发挥图书馆在新时期的服务功能，突出图书馆的社会地位，为更多的人服务，提高图书馆的核心竞争力，重建图书馆的空间是一个可探索的方面。今天，许多图书馆都在努力做到这一点，从最初的信息共享空间（IC）到共享科学空间（LC）、共享研究空间（RC），现在是创意空间。图书馆空间重建运动以多种方式重新定义了图书馆。

一、图书馆空间的创造力

随着图书馆社会价值与创作者空间的统一，图书馆已成为创作者空间的理想平台，创作者空间逐渐出现在图书馆界。为了扩大其活动，一些图书馆建立了创新的技术和教育中心，这个中心是"创造空间"的典型例子。"创造空间"改变了图书馆原有空间的规划，将开放空间转变为大众创意空间，并进行了功能规划。它为发明家、工匠、艺术家、青年、学生和其他群体提供七种服务，包括信息技术中心、新技术基地、教育服务办公室、智能生产车间、创作者离线会议、创意马拉松和创意青年中心。开放制造商的空间大大增加了图书馆的使用。图书馆和图书馆员真正融入了人们的学习、工作和研究，成为知识互动网络中不可或缺的中心。

从传统意义上说，图书馆是读者接收文献和信息的地方，但图书馆不仅是接收信息的地方，也是满足人们需求的公共空间。同时，它保存了知识和信息，并将其转化为社会价值，因为人们可以在这里交流，建立新的关系，甚至激发新的思想，创造更多的社会资本。简而言之，图书馆空间的创意不仅可以从信息资源中获得灵感，还可以感受到文化氛围，体验新的生活方式，让人们爱上图书馆，让图书馆成为人们生活中不可或缺的地方。

二、图书馆空间再造的机制与策略

当空间被定义为效用价值时，社会转型是基于对空间的所有权和集体管理。为了解释这一理论，有可能甚至有必要思考公共图书馆公共空间的重建，并通过分散公共图书馆的物理空间来审视这一理论。以弥补虚拟服务空间的简化以及数字图书馆时代的其他现象和问题。

（一）虚拟空间和物理空间的结合

在当今新媒体盛行的时代，随着网络新媒体、移动新媒体、数字新媒体以及融合新媒体等相继出现，深刻地冲击着大众阅读行为，纸质阅读率持续下降，数字化阅读迅猛发展，快速浏览、消费式阅读、实用型阅读、精读等多种状态共存，阅读从"纸媒时代"的线性阅读逐渐步入以传统媒体阅读为主导、以新媒体阅读为主流的"大阅读时代"。尽管传统阅读方式的主导地位暂时难以撼动，但新兴的数字化阅读方式呈迅速增长趋势，已经引发了阅读方式的深刻变革，碎片化、多元化、大众化、娱乐化的阅读方式盛行，"深阅读"越来越少，"浅阅读"越来越多；"翰墨书香"越来越少，"数字屏幕"越来越多；"专心致志"越来越少，"走马观花"越来越多。面对新媒体的冲击，特别是数字化阅读带来的转变，读者阅读行为在阅读动机、阅读兴趣、阅读方式、阅读内容等方面发生悄然改变。

（二）关注社会，提供个性化的交流空间

毫无疑问，采用图文、音乐、视频、动画等多媒体形式立体呈现内容和主题的方式将是未来媒体传播的发展趋势，也必将提升我们的阅读体验。网络阅读以技术为基础，为我们带来海量的信息和快捷的链接。新媒体造就了更多的信息源，丰富了内容供给，我们不仅可以阅读到感兴趣的内容，还可以围绕阅读内容调用各种资源，展开各种链接、评论、历史背景、视音频资料等辅助阅读。互联网使全球信息资源共享成为可能，无论是新图书馆的空间设计还是旧图书馆的空间改

造，新图书馆的建设都必须利用现代科技，共享社会，完善服务模式，为读者提供更人性化的服务。

（三）体验互动，引入 VR 技术拓展真实空间

体验互动的概念和第三空间的概念是相互关联的，它们是在新的"互联网+"环境中产生的新知识，需要一定的技术支持。新技术不仅彻底改变了图书馆的服务内容和服务方式，而且加深了用户的参与。互动空间强调图书馆与用户之间的沟通。图书馆不仅向用户提供信息，还可以获得用户的实时反馈。

互动空间的体验不仅可以给用户带来舒适和归属感，还可以自由、统一地提供各种新的技术体验。图书馆不仅可以体验讲座、展览、研讨会、比赛、联合阅读、自助、志愿服务和其他互动。数字冲浪也可以在真实空间使用。

三、新空间图书馆未来发展趋势与思考

未来，图书馆服务将从单一的借阅领域转变为交流和交流空间，从产品到用户，从被动服务到主动服务。未来，用户将来到图书馆，不仅因为它是一个地方，而且因为图书馆为他们提供了一个阅读、分享和与他人交流的舞台，以及他们在舞台上的感受。因此，如何为用户提供必要的场景将成为图书馆未来空间规划的重点。

（一）图书馆空间重建的变化趋势

1.更多地关注人们的需求

图书馆的重建必须以人为本，服务必须是图书馆的基础。图书馆与社区资源的整合可以促进社区知识共享和情感交流，激发社区活力。最后，最重要的是为图书馆所在地区的更多人提供服务。

2.更加重视技术和服务的有机整合

纸质图书馆的原始形式是古代的"图书馆"。"图书馆"只是建筑概念中的"建筑"。它的主要功能是收集，与公众见面的可能性很低。它强调了图书馆的收藏和记忆功能。现代图书馆的职能从储存到流通到出版发生了质的飞跃，大大改善了信息的收集和传播，强调公众阅读和获取信息资源，并在使用过程中创造信息价值。新的"互联网+"技术的出现强调了大多数读者对信息的最有效利用。例如，虚拟现实技术充分调动了人们对人机交互和视觉支持的领导和兴趣，并利用了人们积极思考的潜力。使用 Web 3D 技术可以模拟虚拟场景。只要有互联网，人们就不受时间和空间的限制，可以像在真实场景中一样看到环境信息。此外，由于虚拟现实技术和其他真实技术，中国古籍可以更具影响力地储存和使用。

因此，在互联网+的背景下，利用新技术，如新媒体，提供不同的教育空间，

提供更大的文化便利，促进自主学习，是未来图书馆空间重建的重要基础。在技术发展方面，从小学数字图书馆到应用媒体平台和 MoOC 在线教育平台，技术创新也催化了图书馆空间的转型，图书馆最终成为一个独特的文化渠道和学习交流平台。

3.更多地关注图书馆的可用性和可用性

图书馆建设必须置于巨大的社会背景下，作为城市基础设施的一部分。通过这种方式，图书馆的活动范围变得更加广泛，相应的责任也发生了变化。它不会像以前的图书馆那样，它只具有保存和收集的功能。因此，图书馆必须转型，向所有公民和组织提供有关城市发展的知识和信息，激发公民的创造力，促进城市的经济发展。

（二）图书馆发展相关思考

许多地方图书馆试图探索图书馆的改造和重建，但图书馆界没有达成共识。支持社会创新体系优化和公共服务发展的当前和未来任务的关键是为用户提供交流空间、激发创造力和支持创新。

1.构建多元化教育平台

从阅读学习平台向社会教育平台的转变是图书馆服务转型的重要一步。图书馆的未来发展必须反映更大的社会包容和创新，以及包容性服务的发展，例如提供创新服务，如公共会议和职业培训。在图书馆接受过信息技术培训的学生比没有完成课程的学生更有能力学习。经常使用图书馆服务的学生比不使用图书馆服务的学生要好。信息技术教育提高了学生回答和解决问题的能力。值得注意的是，为广大用户提供多样化的教育平台是图书馆空间改造的重要方向，也是值得关注和研究的创新服务。

2.服务和管理模式的转变

图书馆建筑必须适应当前社会改革的需要，重点应从藏书转向交流与共享。图书馆建筑设计的国际趋势正在从书籍设计、硬件和相关实物转变为面向人、社区效果、体验和创新的设计。作为这一趋势的一部分，图书馆不仅为阅读和自我认识提供了空间，而且为人际交往和知识形成提供了空间。图书馆建筑旨在适应这些变化，改变运营模式和图书馆管理。对图书馆成果的评估不应再基于信用指数，而应基于支持措施、数字阅读、数字建议等。

太空娱乐是一场图书馆革命。它反映并重新规划了信息、管理、方法和过程的原始组织，这是图书馆界面临的主要问题。重建空间是一个困难的过程，没有成人程序可遵循。然而，首先要考虑的是如何解决真正的思维模式，改变服务模式和管理理念。

3.整合资源，提高服务效率

在"互联网+"和大数据时代，每天都会产生大量的数据信息，比如图书馆的数据源和读者的信息源，可以说资源无处不在。如何整合这些资源，提高图书馆的效率值得思考。资源整合包括充分利用图书馆自身资源，观察资源的重建，并将其有机结合。图书馆空间建设是一个内部和外部资源整合和交换的过程，实现共建共享。图书馆资源整合，包括图书馆项目计划和活动、信息资源交换和内部管理整合。新资源开发主要涉及积极引入和整合外部资源，以解决空间重建和图书馆服务扩展领域的资金、人员、创意活动和计划问题。

第八章 公共阅读服务设施网络体系

第一节 公共阅读服务设施网络视域下公共图书馆总分馆体系

任何单一公共阅读服务设施所拥有的资源禀赋和服务的辐射半径都是有限的。这就决定了特定行政区域内的诸多公共阅读服务设施只有建构成为一个服务共同体，形成互联互通、共建共享的公共阅读服务设施网络，才能更加有效地提供高水平的公共阅读服务。任何公共阅读服务设施，特别是基层公共阅读服务设施，只有融入较大的服务共同体，才能实现更高质量的持续发展。公共图书馆是公共阅读服务的主阵地。公共图书馆以其资源要素禀赋和辐射带动能力，在公共阅读服务设施网络建构中处于业务主导地位。基于构建公共阅读服务设施网络视角，笔者探讨了公共图书馆总分馆体系的概念内涵和基本特征，对于引领和推动公共阅读服务体系建设具有理论意义和现实启迪。

一、公共图书馆总分馆体系的概念新论

从全世界范围内来看，自1850年公共图书馆兴起以来，其功能定位历经书籍典藏和大众教育功能、书籍借阅和提供休闲功能、保障公民基本阅读权的公共服务功能等发展变迁。进入20世纪，总分馆制的建立，使图书馆之间，特别是公共图书馆之间，从关系松散走向协调与合作，实现了资源和服务的共享，该模式也因此成为20世纪以来全球图书馆领域最为重要的变化之一。成熟的公共图书馆服务管理模式，已成为实现公共图书馆普遍均等服务的有效形式。近年来，在国家公共文化服务体系示范区（项目）创建工作推动下，总分馆制在全国范围内得到进一步推广，并获得了普遍认可。

新形势下，面对用户需求多元化、设施网络化和资源数字化的发展趋势，基

于公共图书馆自身、依赖单一印本资源建立起来的总分馆制正面临新的变革。外在环境的变化给总分馆体系建设注入了新的内涵，赋予了新的职能，带来了新的建构理念和发展模式。应该深化和拓展公共图书馆总分馆体系的内涵，重新审视公共图书馆总分馆体系的作用，进一步提升公共图书馆总分馆体系的服务能力。这个问题关系到人们对总分馆体系的认识，关系到构建总分馆体系的价值判断和效益评估，也关系到政府对总分馆体系实现模式的选择。"公共图书馆总分馆体系"应该作为公共阅读服务体系的基础性概念加以研究和界定。

建构一个较为完整的公共图书馆总分馆体系应以现代公共事务治理理论为基础，坚持政府力量的主导治理，鼓励行业力量的"自主治理"，扶持公民力量的"参与治理"，培育全社会力量的"合作治理"。在这一治理视野下，现有的区域公共图书馆系统是该区域公共图书馆总分馆体系的业务管理主体，而其他类型公共阅读服务设施（农家书屋、社区图书馆、职工书屋等）都可以按其独特的功能定位加入该区域公共图书馆总分馆体系之中，以提供更多更加便利的公共阅读产品和服务。这种建构模式对于激发特定区域特别是经济社会欠发达区域公共图书馆总分馆体系的内生活力、基层公共阅读服务设施的可持续发展具有至关重要的战略意义。

构建公共图书馆总分馆体系，应联系我国公共阅读服务设施建设现状和发展趋势，做出宏观思考和广义界定，以引领学界、业界和政界共同致力于深化和拓展公共图书馆总分馆体系的内涵和外延。我们着眼构建公共阅读服务设施网络，对公共图书馆总分馆体系作出界定，即以政府为行政主导、公共图书馆为业务主体，以基层公共阅读服务设施为分馆或服务点，为保障某一行政区域内公民基本阅读权而建立的一系列有关公共阅读服务设施网络建设的制度和系统的总称。其中，某一级公共图书馆处于核心地位作为总馆，其他公共图书馆和具备条件的农家书屋、社区图书馆（室）、职工书屋等基层公共阅读服务设施处于从属地位作为分馆或服务点，在行政上或业务上接受总馆管理。总馆利用自身人力、财力、技术和馆藏优势，给予分馆及服务点以支持，同时利用基层公共阅读服务设施所具有的特色资源和其他能力，实现相互依存、共同发展。分馆或服务点在共建、共享、共赢的前提下，获得总馆在资源、技术、人员和服务上的支持，同时对总馆以及整个总分馆系统以支持。

二、公共图书馆总分馆体系的特征分析

我国和世界上早期的图书馆界人士大都信奉"公共、开放、共享"的服务理念，倡导公共图书馆服务的开放性、普遍性和均等性，这些服务理念和价值取向与公共图书馆总分馆体系的基本特征具有内在一致性。公共阅读服务设施网络视

域下构建起的公共图书馆总分馆体系，其基本特征主要体现为以下五个方面：

（一）服务价值的公共性

关于"公共性"的内涵和表现形式，学术界见仁见智。公共性的意义主要体现在活动的价值导向、目的、方式和组织主体等方面。公共性的活动是以公共价值为导向，以追求公共利益为目的，以民主为主要的活动方式，由公共组织来运行。"公共性"是公共图书馆总分馆体系的核心价值。从具体表现形式上来看，它集中体现为行政主导即政府部门的公共性，业务主导即公共图书馆的公共性，资金来源即公共财政的公共性，管理手段即公共权力的公共性，价值取向即普遍均等价值的公共性。

（二）服务目标的普遍均等性

实现基本公共服务均等化，为社会成员提供体现公平、正义原则的基本公共产品和服务，保障人们生存和发展最基本条件的均等，是我国经济社会和谐发展的重要目标。公共图书馆的根本性原则是向所有人提供服务，而非忽略社区内其他群体，只面向某个特定群体提供服务。作为保障公民平等享受基本阅读权利的一种制度安排，公共图书馆总分馆体系不仅不应以任何理由排斥任何人，而且应该努力创造条件服务所有人。公共图书馆总分馆体系通过政府以规划引领、财政资助、立法保障等方式得到建设和发展，是向全体公民提供的一种公共物品。

（三）服务渠道的开放性

从世界范围的公共文化服务经验看，由于国情特别是区情不同，有的主要采取了"中央集权"或"政府主导"模式，有的采取了"市场分散"或"民间主导"模式，还有的采取了政府与民间合作的"分权"模式。对于我国公共图书馆总分馆体系建设来说，其可行模式应该是"政府主导与民间参与相结合"的开放模式。一方面，在政府主导下对分散在文化、民政、新闻出版、工会等不同行业领域的公共阅读服务设施进行有机统筹，提高公共阅读服务资源综合利用效能；另一方面，也可以通过税收政策杠杆，撬动社会力量主动提供公益性、便利化的非公共阅读服务，努力实现有效供给与有效需求的最大匹配。

（四）服务资源的共享性

公共图书馆总分馆体系"以政府为行政主导、公共图书馆为业务主导，以基层公共阅读服务设施为分馆或服务点"。"互联互通、共建共享"作为总分馆体系的基本表征，既是构建公共阅读服务设施网络的有效形式，也是充分发挥各类公共阅读服务资源效能的必然选择。在总分馆体系中，总馆通过为分馆或服务点提供通借通还、流转更新等服务，实现区域内公共阅读资源共建共享。这种"共享"

是立体化的，既包括纸质读物、数字读物等阅读资源的共享，也包括资金、人力等服务资源的共享。

（五）服务体系的系统性

公共图书馆总分馆体系是一个复杂的公共服务系统，强调发挥政府的宏观系统主导功能、公共图书馆行业的中观系统管理功能和个体公共阅读服务设施的微观系统协作功能。这已经成为公共图书馆总分馆体系制度设计的普遍共识，也决定了各有关方面对公共图书馆总分馆体系制度设计必须坚持系统性的原则。因此，包括组织体系化、设施体系化、服务体系化与活动体系化等基本内容的高度体系化始终是以"全息共享"为最高奋斗目标的图书馆事业发展的一个基本趋势。

第二节　公共阅读服务设施网络视域下公共
图书馆总分馆体系建设

从世界范围内来看，区域性公共图书馆服务体系建设的制度创新先后经历了协作网络制度创新、联盟协调制度创新和集成协同制度创新等阶段。公共图书馆总分馆体系是贯穿始终的主要模式。目前，我国的区域公共图书馆总分馆体系建设已经处在向集成协同制度创新迈进的新阶段，不仅面临着新的历史挑战，也面临着新的发展机遇。

一、公共图书馆总分馆体系的典型模式

在我国，公共图书馆总分馆体系建设起步相对较晚，但发展步伐很快。经过地方政府的主导推动和公共图书馆行业的探索实践，公共图书馆总分馆体系呈现出多元化发展态势，特别是在以延伸服务为特点的"公共阅读服务设施网络建设"方面积累了有益经验。依据总馆对分馆管理权限的大小，可分为紧密型和松散型的总分馆；依据建设主体，可分为民间行为、准民间行为、政府行为的总分馆；依据工作内容，可分为完全资源共享与不完全资源共享的总分馆。当前，基于构建公共阅读服务设施网络，按照参与主体类型做出类别界定，符合政策导向和现实需要。

县域公共文化服务体系建设，是我国文化建设的基础和重要组成部分，是基层文化建设的关键环节，具有承上启下、体系完整、面向基层、城乡一体等特点。以县域为实施单元，实施公共文化服务体系建设，比较符合当前我国实际的管理模式。最适宜建立总分馆的是以县（区）图书馆为总馆，社区或乡镇图书馆为分馆。

二、公共图书馆总分馆体系的功能优势

总分馆体系以其服务场馆布局合理、资源统一分配、服务标准统一、运行高效等优点，成为欧美国家普遍采取的公共图书馆服务组织机制。公共图书馆总分馆体系在我国同样具有现实可行性，能够在一定程度上实现公共阅读服务设施网络化建设，进而有效放大公共阅读资源的综合利用效能。这些功能优势主要表现为两个方面：一是有效降低公共阅读服务设施运行成本，二是有效提升公共阅读服务设施服务能力。在运行成本节约方面，公共图书馆总分馆体系内，分馆和服务点的人、财、物等由总馆进行科学配置，进而达到资源配置的集约化和资源效益的最大化。

在服务能力提升方面，总馆以其强大的能力带动分馆和基层服务点实现功能升级，通过统一的员工培训增强专业能力，通过统一制度标准规范运行管理，通过统一服务模式提高服务效果，从而提升分馆和基层服务点的服务能力。建构总分馆体系，有利于公共图书馆提高服务能力，有利于资源的整合和服务的延伸。

三、公共图书馆总分馆体系的建构路径

以拓展延伸公共图书馆总分馆体系为基本路径，加快推进公共阅读服务设施网络建设进程，应该以政府为主导，正确把握"近和远、条和块、主和次"三种关系，即处理好现有资源统筹与深化体制改革、行业系统条线与各级行政区域、阅读主阵地与基层服务点的关系，逐步提高公共阅读服务设施的网络化水平和综合利用效能。

（一）深化体制改革，推动公共阅读服务设施网络建设和管理主体合一

建设和管理主体的合一，是公共阅读服务设施网络视域下公共图书馆总分馆体系统一规划、统筹发展、提高效能的根本之策。在国家层面，将农家书屋、社区书屋、职工书屋的建设管理主体与公共图书馆的主管部门合一，统一归并由主导全民阅读事业发展的部门负责，形成统一的公共阅读服务设施建设和管理体制。

（二）统筹队伍建设，促进公共阅读服务设施网络规范运行

基层文化人才队伍是文化改革发展的基础力量，要制定实施基层文化人才队伍建设规划，完善机构编制、学习培训、待遇保障等方面的政策措施，吸引优秀文化人才服务基层。农家书屋、社区图书馆（室）、职工书屋目前已经拥有一支专兼职的管理员队伍，他们是城乡公共阅读服务的重要力量。笔者建议国家层面制定《公共阅读服务专业人才队伍建设中长期规划》，引领和推动公共图书馆与农家

书屋、社区图书馆（室）、职工书屋管理人才队伍一体化建设。一是实施一体化培训。建立培训内容征询和培训质量控制制度，由县级图书馆进行专业指导。二是实施一体化认证。建立基层公共阅读服务设施管理人员编制标准、资格认证和绩效考核制度，推动农家书屋、社区图书馆（室）、职工书屋管理员持证上岗和规范履职。三是实施一体化薪酬。在落实好财政补助的基础上，逐步建立薪酬制，构建基层公共阅读服务专业人才待遇保障机制。

（三）鼓励基层实践，培育公共阅读服务设施网络建设典型模式

构建公共图书馆总分馆体系的最终目标，是通过总分馆制，在公共阅读服务设施之间建立各种高效的合作关系，最大限度地实现公共阅读资源的共建共享。就我国而言，将各类公共阅读服务设施纳入总分馆体系，应以县域为实施单元，以县级图书馆为总馆，以乡镇（街道）文化站为分馆，以农家书屋、社区书屋、职工书屋为服务点，建立健全公共阅读服务设施网络。当前，应重点通过创建国家公共图书馆总分馆体系建设实验区、国家公共图书馆总分馆体系建设示范区等途径，培育和选树一批适合我国不同发展水平和地域特征的总分馆模式，为建设和推广现代公共图书馆总分馆体系提供实践经验和典型示范。

在我国这个世界上最大的发展中国家建构覆盖城乡的公共图书馆总分馆体系是一项复杂而艰巨的任务。在对其顶层设计、运行制度、发展模式进行谋划的过程中，必须进一步解放思想，正确处理国际借鉴与本土创新、宏观管理与公共治理、公平目标与效率追求、局部创新与整体推进等基本关系。考虑到目前我国公共图书馆总分馆体系建设尚处于探索阶段，灵活采用多种创新举措和不同合作模式是必要的。但从长远来看，随着我国全面深化改革的不断深入，我国公共图书馆总分馆体系的建设重心将逐步从"全覆盖"到"可持续"再到"高品质"演进，最终形成"统筹所有公共阅读服务设施、只有一个建设管理主体"的高效模式，努力形成互联互通、共建共享的公共阅读服务设施网络。

第三节　基层综合性文化服务中心的公共阅读服务功能

基层是公共文化服务的重点和薄弱环节。建设基层综合性文化服务中心，是打通公共文化服务"最后一公里"的有效途径，是现代公共文化服务体系建设进程中最为基础、最为艰巨的重要任务。每个人都有阅读的权利。社会有责任保证每个人都有机会享有阅读的权益。阅读权是公民的基本文化权利，保障公民阅读权利是公共文化服务的基本内容。作为现代公共文化服务体系的终端，基层综合性文化服务中心理应将公共阅读服务纳入基本服务功能。

一、基层综合性文化服务中心承接公共阅读服务功能的基础条件

近年来，基于现代公共文化服务体系建设加快推进和全民阅读活动深入开展"双重机遇"，公共阅读服务体系建设深化发展，从产品供给、设施建设、法规政策保障等诸多方面，为基层综合性文化服务中心开展公共阅读服务创造了基础条件。一是公共阅读产品日益丰富。公共阅读产品供给条件明显改善，遍及生产、推荐、购置等各个环节。出版事业发展迅速，出版规模连续多年在高位运行，公共阅读产品来源更加丰沛。农村公共阅读产品购置形成机制，建立农家书屋出版物定期更新机制。二是基础设施布点基本完成。农村（社区）既有公共阅读设施是基层综合性文化服务中心开展公共阅读服务的"硬件"基础。三是法规政策条件日趋完善。政府是基层综合性文化服务中心建设的主导，制定法规政策是彰显主导地位、发挥主导作用的主要途径之一。四是工作运行机制建立健全。基层综合性文化服务中心建设已具备较好的机制保障和工作基础。中央和地方政府围绕现代公共文化服务体系建设，大力推进体制机制改革创新，为统筹协调基层公共文化服务创造了有利条件。基层公共文化服务管理和运行机制不断创新，特别是探索形成图书馆总分馆制和流动服务模式，为辐射带动基层综合性文化服务中心开展公共阅读服务奠定了工作基础。五是现代科技融合日益深入。把握信息化、网络化和数字化趋势，各级政府利用现代传播方式，探索公共文化服务与现代科技融合发展，从资源、技术、平台建设等方面，为基层综合性文化服务中心开展数字阅读服务创造了良好条件。

二、基层综合性文化服务中心在公共阅读服务方面的功能定位

（一）引领公共阅读价值导向

发挥基层综合性文化服务中心拥有优质公共阅读产品的资源储备优势和建在人民群众身边的"三贴近"优势，把服务群众同教育引导群众结合起来，把满足阅读需求同提高阅读素养结合起来。坚持围绕中心、服务大局，宣传党的理论和路线方针政策，宣传党和国家重大改革措施和惠民政策，弘扬社会主义核心价值观，弘扬中华优秀传统文化，用先进阅读文化占领基层公共阅读阵地。坚持以人民为中心的价值导向，为群众提供更多思想性、艺术性、可读性有机统一的优秀阅读产品，建成传播当代中国价值观念、体现中华文化精神、反映中国人审美追求的基层文化阵地。按照分类指导、阶梯阅读的要求，建立好书推荐机制，发挥荐读导读作用，培养基层群众科学阅读理念和阅读技能。

（二）整合基层公共阅读服务资源

发挥基层综合性文化服务中心整合基层公共阅读资源的终端平台优势，促进人、财、物统筹使用，提高公共阅读资源综合利用效能。以基层综合性文化服务中心为依托，统筹党员干部现代远程教育网络、文化信息资源共享工程基层服务点、数字农家书屋工程、社区公共服务综合信息平台等数字文化惠民工程中的优质阅读资源，推动公共数字阅读资源共建共享；推进县域内公共图书资源一体化服务，整合农家书屋、社区书屋（文化中心）等基层公共阅读设施，设立公共图书馆服务体系基层服务点或分馆；整合社区教育工作者、农家书屋管理员、文化志愿者等基层文化人才队伍，建立基层阅读推广人之家，凝聚共促全民阅读合力。

（三）提供基本公共阅读服务项目

发挥基层综合性文化服务中心在基本公共阅读服务方面的兜底功能，促进公共阅读服务城乡均衡发展、地区均衡发展。着眼于保障基层群众基本阅读权益，按照国家基本公共文化服务指导标准、国家关于基层综合性文化服务中心建设的指导意见以及地方关于书香社区、书香乡村建设的指导标准，结合地方财力和群众需求，围绕读书看报、图书借阅、数字化阅读等方面，设置基层综合性文化服务中心基本公共阅读服务项目，明确服务数量、规模和质量要求，努力实现"软件"与"硬件"相适应、服务与设施相配套，为城乡居民提供大致均等的基本公共阅读服务。

（四）提供公共阅读指导服务

发挥基层综合性文化服务中心在激发阅读热情、培养阅读习惯、提高阅读能力方面的作用，结合书香乡村、书香社区建设，将其建设成为倡导全民阅读、服务全民阅读的基础阵地。经常性地举办全民阅读活动，参与或承办乡镇（街道）以上重点阅读活动，形成富有村居特色的活动品牌。加强学龄前儿童、青少年学生等重点群体阅读推广服务，关爱农村"三留守"人员、进城务工人员及其子女、残疾人等特殊群体阅读需求。发挥社会公众人物的阅读示范带动作用，引导社会阅读组织和全民阅读志愿者参与阅读服务。以基层综合性文化服务中心为依托，丰富艺术普及、法治文化、科学普及、防灾减灾、就业技能等阅读内容和阅读活动，传播科学文化知识，提高基层群众综合素质。

三、基层综合性文化服务中心开展公共阅读服务的路径探讨

贯彻党中央关于推进现代公共文化服务体系建设和基层综合性文化服务中心建设的决策部署，参照国际通行做法，借鉴地方创新经验，应该加强政府主导，坚持问题导向，注重综合施策，依托基层综合性文化服务中心，推动公共阅读资

源统筹使用、公共阅读设施一体化建设，使基层公共阅读服务得到全面加强和提升。

（一）完善基层公共阅读服务顶层设计

近年来，基层公共图书馆、乡镇（街道）文化站以及农家书屋、社区书屋（文化中心）等重点阅读惠民工程同步实施，多渠道面向基层提供公共阅读服务。然而由于条块分割、体制壁垒，上层没有合力共建的顶层设计，致使总量不足与资源浪费问题并存，是当前完善基层公共阅读服务体系的首要任务。笔者建议国家层面将其纳入公共文化服务体系建设协调组全体会议议事日程，建立联络员会议沟通机制，重点对基层公共阅读服务多头建设、多头管理问题进行研究磋商，推动形成统一高效的解决基层"读书看报"问题的建设和管理机制。对公共文化服务、新闻出版公共服务等规划进行有效衔接，明确基层综合性文化服务中心的公共阅读服务职能及其主要内容。对国家基本公共文化服务指导标准中"读书看报"内容加以具体化、标准化，制定《基层综合性文化服务中心公共阅读服务基本标准》，合理确定基础设施配套标准以及基本服务项目的数量、规模和质量要求。利用《全民阅读促进条例》和《中华人民共和国公共图书馆法》，以法律形式对基层综合性文化服务中心承接公共阅读服务职能作出规定，对所涉各类主体、各方面问题予以调整规范。

（二）推动公共阅读资源共建共享

当前，县（市、区）、乡镇（街道）、村（社区）三级公共阅读设施布点已基本完成，但源于体制原因的资源孤岛现象依然存在，致使基层公共阅读设施难以融合、无法累积形成综合服务能力。基层综合性文化服务中心吸纳原有农家书屋、社区书屋（文化中心）阅读资源，已经难以满足基层群众日益增长、日趋多元的阅读需求。建议以县域为单元，试点推进、逐步推开基层综合性文化服务中心与县级公共图书馆合作模式，通过建立基层服务点、流动分馆，把推进公共图书馆延伸服务与创新基层综合性文化服务中心管理结合起来，将公共图书馆丰富的公共阅读资源与基层综合性文化服务中心流通起来，建立健全基层公共阅读设施网络。同时，推动公共数字阅读资源共建共享。整合文化信息资源共享工程、数字农家书屋、数字公共图书馆、全民阅读数字资源平台等数字文化惠民工程中的阅读资源，建立全国性或地区性公共数字阅读资源综合服务平台。在基层综合性文化服务中心标准化配备联网电脑，引入公共数字阅读资源，面向基层群众提供联网阅览和脱机阅览服务，将基层综合性文化服务中心建成农村（社区）公共数字阅读资源享用终端。

（三）推进公共阅读服务经费统筹使用

财政资金是公共阅读服务体系建设的基础。解决重复建设、重复投入问题，关键是提高财政资金综合使用效能。建议将县域范围内的公共阅读服务相关经费集中起来统一支配，在采购图书资源、购买数字资源、培训人才队伍等方面统筹使用，规避图书品种单一、数字资源同质化等问题，让基层群众看到更加丰富的纸质出版物和优质数字阅读资源。

（四）推动阅读推广人才队伍一体化建设

基层公共阅读服务人才队伍主要由农家书屋、社区书屋管理员构成。基层书屋管理员身兼多职，带有志愿服务性质，大都来自非图书馆行业，大多缺乏必备的图书管理知识与阅读推广技能，且流动性强。充分发挥基层书屋管理员的服务效能，需要建立持续性的业务培训体系。建议将基层公共阅读服务人才队伍建设与公共图书馆培训体系对接，纳入当地公共图书馆人员培训体系之中，定期开展图书采集、分编、上架、借阅等业务辅导，定期开展阅读通识、阅读技能、领读实务等拓展培训，不断提高基层公共阅读服务人才队伍专业化服务水平。制定实施基层公共阅读服务人才队伍建设规划，明确学习培训、待遇保障等政策措施，建立公共阅读服务人才队伍保障机制。同时，通过县、乡两级统筹和购买服务等方式，发挥社会阅读组织、优秀民间阅读推广人在促进全民阅读方面的生力军作用，多元化解决基层公共阅读服务人员不足和专业化水平不够的问题。

（五）推动全民阅读活动形成常态

深入开展全民阅读活动，是基层综合性文化服务中心激发群众阅读兴趣、引领全民阅读风尚的重要手段。当前，我国全民阅读活动整体上存在深入基层不够、常态化水平不高等问题，全民阅读知晓率和参与度亟待提升。笔者建议以衡量基层综合性文化服务中心公共阅读服务能力和水平为主要内容，围绕设施配备、资源配给、服务配套、人员配置等方面，制定完善评选标准，建立健全推荐机制，在全国范围内定期开展书香乡村、书香社区创建活动。以基层综合性文化服务中心兼职阅读推广人为主要对象，定期开展优秀基层阅读推广人评选活动，建立阅读推广人示范典型选树机制。以村居特色阅读活动为主要对象，定期开展优秀全民阅读活动项目评选，选树一批深入基层、扎根人民的活动品牌。建议在一定地域内建立全民阅读结对共建机制，组织社区教育工作者等基层文化人才队伍走进基层综合性文化服务中心，担当全民阅读义务协管员和指导教师，定期开展阅读分享、读书辅导、好书推荐等活动，打造一支看得见、信得过、留得住的基层阅读推广生力军。

第四节　公共图书馆阅读推广机制创新体系

一、新时代公共图书馆阅读推广机制体系构建

（一）健全阅读推广组织机制

很多图书馆的阅读推广工作之所以不能够长久有效地开展，是因为没有建立相应的组织机构来统筹指导、协调安排各方面工作。建立健全阅读推广组织机制，有助于各地区图书馆在阅读推广工作中协调地方各部门的工作、统筹安排阅读推广活动、合理利用各级各类资源，使阅读推广活动能够得到专业的指导、得到真正落实，从而提高阅读推广活动的效率，真正达到促进读者阅读、丰富社会阅读文化建设的目的。地方的阅读推广工作要由图书馆牵头，设立以图书馆为主体的阅读推广工作委员会，致力于研究各年龄段读者的阅读状况、阅读特点、阅读需求等，制订出符合不同年龄段读者特点的阅读推广方案，组织一系列有针对性地阅读指导工作，协助各群体成立读者协会、读书学会等阅读组织，丰富并充实阅读推广活动的参与主体，使读者不仅成为阅读推广活动的受益者，也成为阅读推广活动的积极参与者。因此，建立健全阅读推广的组织机制，是新时期各地图书馆阅读推广工作有效开展的重要保障。

（二）完善阅读推广合作机制

阅读推广的合作机制是指各地区公共图书馆在新时期打破传统各自为政的阅读推广模式，通过加强与周边地区其他图书馆或公共图书馆的协作，创建阅读推广区域馆际联盟，制定区域联盟阅读推广相关制度，逐步完善区域内阅读推广的合作机制，形成阅读推广活动的规模效应，协调区域内各联盟。成员馆开展联合的阅读推广活动，从而发挥区域联盟的联动效应，最大限度地扩大阅读推广活动的影响力。具体来说，以微阅读为例，各地公共图书馆阅读推广区域联盟通过建立联盟馆阅读推广微平台，分享、转发联盟馆微平台发布的微推荐、微阅读、微讲座、微书评等读者（尤其是年轻读者）乐于接受的推广内容，不仅可以节约活动成本，还能提升阅读推广活动效果。

（三）加强阅读推广评价机制建设

建立阅读推广的评价机制是新时期阅读推广活动有效实施的重要保证。图书馆应建立一套基于读者视角的阅读推广活动评价机制和反馈体系，通过追踪读者的知晓度、参与度、满意度、认可度等相关要素，了解读者感知和参与阅读推广活动的程度，以便更好地引导微时代图书馆阅读推广活动的开展，及时调整阅读

推广活动方案。

二、阅读推广活动机制创新体系

图书馆的作用非常重要，同时又存在一系列问题，要想促进阅读推广活动的发展和完善，就需要各地区图书馆不断加强机制研究和创新。要想创新机制，一是需要创新理念。图书馆的管理人员需要将推广社会阅读作为自己的使命。公共图书馆作为社会文化的集散地，更应该充分认识到推广阅读活动的重要性。只有从思想上端正了认识，才能增强读者的阅读兴趣和能力。二是进行社会阅读推广活动机制创新，一方面需要致力于阅读推广服务平台的建设，另一方面要积极引导社会各种力量共同参与阅读推广运作机制。

（一）推广服务平台建设

图书馆是社会文化建设的一部分，是包容性最强的文化空间。同时，它也是图书推广活动重要参与机构，它在馆藏资源、设备、服务等方面保证着阅读推广活动的展开。不管是社会群众组织还是图书馆自身举办图书推广活动，图书馆都可以借助自身丰富的馆藏资源提供充足的文献资源保障，建立推广活动平台，完善推广活动功能。

（二）建立各种力量共同参与的运作机制

第一，加强图书馆与各级地方政府部门、群众组织、各类网站、媒体合作。图书馆阅读推广活动不仅需要图书馆本身进行，还需要进行宣传。比如，开展文化大讲堂活动进行图书阅读的推广，高校资深教授或者权威教师可进行参与，群众组织、网站和其他媒体通力合作机进行积极的宣传，让更多的读者了解和参与，提高文化讲堂的知名度和影响力。

第二，及时补充所需图书，方便阅读，满足不同群体的阅读需求，为图书推广活动打下坚实的基础。这一工作的完成，需要图书馆管理人员扎实工作，认真仔细做好本职工作。

第三，积极引进图书馆阅读推广策划人员参与图书馆管理事业。目前，我国图书馆管理人员思想较为老化，专业背景单一，视野不够开阔，对图书推广活动的策划没有专业的技能和经验，需要积极引进图书阅读推广活动策划人员，发挥他们的专业机能，实现低成本、高参与度、大影响力的效果，最终提升读者的阅读兴趣。此外，目前我国公共图书馆的阅读推广机制是实行招标的形式，通过向社会招标来获得策划和推广项目安排，可达到最大限度地获得社会资源优势的效果。

第五节　公共图书馆与档案馆、博物馆（LAM）的融合体系建设

一、图书馆与档案馆、博物馆融合的相关理论

我国主要的文化资源收藏馆所还处在各自为政的管理体系，阻碍了信息资源的整合与共享，这是内容基础结构建设的一大障碍。图书馆、档案馆、博物馆三者的资源只有在一个共同的框架内为用户提供服务，才能够求得共同发展。数字图书馆工程应该成为整合中华文化资源的平台，应注意对LAM文化资源的融合。

LAM数字资源整合是LAM跨界融合服务的前提条件，LAM跨界融合服务模式能够使不同的机构馆藏的数字资源发挥作用的重要保证，二者相辅相成，不可分割，关注资源整合模式的同时要关注LAM的跨界融合服务模式，以实现资源整合真正的目的和意义。在"互联网+"时代，互联网技术尤其是移动互联网技术的应用，使LAM数字资源的整合拥有了更加便捷和多元化的手段。这种便捷和多元化的互联网信息技术手段，又提高了LAM数字资源的利用效率，信息用户通过多元化互联网平台可以方便、直观获取信息资源。LAM数字资源组织理论的进一步发展与完善为资源深度整合奠定了坚实的基础，凭借新的信息技术手段，LAM数字资源组织的广度以及深度不断加强。从目前LAM数字资源整合理论的发展趋势来看，将用户头脑中的知识显性化、保存，并将其与馆藏数字资源组织在一起，将是LAM数字资源整合发展的未来方向。图书馆、档案馆和博物馆的跨界融合服务与三个机构馆藏的资源数字化是分不开的，跨界融合服务的绩效很大程度依赖于资源的融合和利用情况。这种依赖关系产生的原因包括：第一，资源的内在禀赋决定了服务的基本方式。第二，资源整合的深度决定了服务融合的水平。资源的组织层次与服务融合的方式是相对应的，资源的深度整合要求与其相对应的融合服务模式，以保证资源价值的充分发挥。因而，随着LAM数字资源整合程度的深化，必须要进行融合服务模式的创新以最大挖掘LAM数字资源的内在价值。

二、图书馆、档案馆与博物馆的融合的内容

图书馆、档案馆和博物馆跨界融合中，需要共同制定战略性发展规划，在不同层面签署联合、合作协议框架，推动不同国家和地区、不同管理归属部门的三种文化机构的跨界融合。融合的主要内容是馆藏资源的数字化和整合共享，以及不同机构服务设施的共享等。

（一）战略性发展规划的制定

战略规划是一个为实现目标而实施下述工作的持续过程：系统地进行（带有风险的）决策，并对这些决策的未来性做最充分地认识；系统地把执行决策的力量组织起来，并通过有组织的反馈来测定决策的结果与预测结果之间的差距。实施战略规划的组织能够实现资源的合理配置与运用，适应组织内外部环境，从而实现组织的可持续发展。战略性发展规划的制定，需要在对组织进行清晰的定位，对组织内外环境进行充分准确的评估分析基础上进行。因此，制定科学而且符合组织发展定位的战略性发展规划，是 LAM 融合发展中重要的指导思想和内容。

（二）馆藏资源的数字化及整合

实现馆藏资源共享的有效途径是将馆藏资源数字化，通过馆藏资源数字化并整合在一个统一的平台上供用户使用，能够有效解决馆藏资源分布在时间和空间上的差异。在互联网时代之前，馆藏资源的数字化一直是不同地区和不同图书馆、博物馆和档案馆等机构横向协作的重要内容。但是由于受到数字出版技术、互联网信息传播方式等因素的制约，协作内容大多停留在构想和学术探讨阶段，应用到具体机构和组织的实践案例极少。馆藏资源的数字化程度和质量，也成为制约各个国家和地区 LAM 协作的重要瓶颈，使得很多协作仅仅停留在达成协作意愿阶段，无法实现实质上的融合发展。随着数字出版及相关技术的成熟和互联网技术的发展，越来越多的图书馆、档案馆和博物馆认识到馆藏资源数字化和网络化的价值，当馆藏资源数字化成为 LAM 需要共同面对的课题时，就产生了跨越 LAM，实现信息资源共享的问题。

由于图书馆、档案馆和博物馆在地域分布和管理归口以及经费来源等方面的差异，不同国家和地区的资源整合方式也存在差异。但主要的方式有三种。一是机构之间合作开展数字资源的保存。我国的大学数字图书馆国际合作计划已完成超过 250 万件多种类型媒体资源的数字化整合与保存。二是合作研发数字资源整合技术。为了数字资源的长期保存，世界各国都致力于数字出版技术和数字化信息资源整合技术的开发和实践。数字出版技术和数字资源整合技术的逐渐成熟，为 LAM 的馆藏资源数字化整合提供了稳定性、可靠性较好的技术环境。三是协作建设数字资源共享平台。通过合作，在馆藏资源数字化的基础上，进一步开发资源一站式检索平台，为用户提供便捷的信息资源服务。在互联网技术发展的今天，用户的信息行为也在发生变化。用户更加关注数据对象之间的语义关联关系，对知识有重组和整合以及再创造和挖掘需求。因此在"互联网+"时代，依托大数据的信息资源平台和信息资源语义关联数据整合更加体现了 LAM 融合发展的价值所在。

（三）作为空间的机构跨界融合

在图书馆、档案馆和博物馆发展过程中，作为物理空间的三种文化机构的融合趋势日趋明显。通过空间的融合，消除三种机构的物理界限，有效促进了三种机构在空间设施和服务的融合共享。在空间的融合中，既有国家行为，也有机构之间的自发合作。

从融合的内容来看，国内外图书馆、博物馆和档案馆的跨界融合主要以共同制定战略性发展规划、馆藏资源的数字化及整合、空间和设施服务的融合等内容为主，通过跨界融合挖掘机构馆藏资源的价值，提升机构的影响力和竞争力。

三、图书馆与档案馆、博物馆融合的模式构建

（一）LAM 传统的服务模式

图书馆、档案馆和博物馆虽然都是公共文化服务机构，但他们拥有不同的馆藏文化资源和服务定位，从而形成了不同的服务模式。从传统的服务内容来看，图书馆主要服务内容包括文献资源的借还流通、信息服务、读者社会教育功能和技术咨询服务。其中文献资源的流通服务是图书馆直接为读者提供馆藏的一次或二次文献，信息技术咨询服务主要是帮助读者进行文献资源的获取和音视频资料的搜集等，而技术服务主要是帮助用户提高用户资料的获取能力。随着数字图书馆的出现，出现了一些新的服务形式，极大地丰富了图书馆传统的服务模式。

图书馆的服务模式与档案馆的服务模式更加接近，两种机构都是为用户提供检索浏览和参考咨询以及培训等服务。但受到我国传统档案馆服务模式和服务思维的影响，我国档案馆的服务相对单一、服务范围很窄，在开放模式上也是强调保密保管，轻视向广大民众的开放服务。在 LAM 的跨界融合发展中，应该重视对档案馆服务思维和服务模式的转变，充分发挥档案资源的价值，扩展档案馆的服务对象范围，为更多的社会民众服务。从馆藏的信息资源角度来看，图书馆档案馆所拥有的馆藏资源主要是纸质媒介载体的文献资源，而博物馆所拥有的馆藏资源主要是实务性资源。馆藏资源的差异也造成了服务方式的差异，图书馆和档案馆为普通用户提供外借服务，博物馆并不提供外借服务，馆藏藏品的流动也局限在博物馆之间的交流馆藏和主题展览活动的举办等。传统的博物馆服务方式，主要包括展览布展、参观游览指导、讲解和教育以及科研服务等。博物馆的数字化服务主要包括信息资源的检索、馆藏藏品的数字化处理和在线浏览、教育培训等功能。

（二）LAM 馆藏资源的特征

图书馆、档案馆和博物馆的馆藏资源特征对服务模式有很大影响，尤其是馆

藏资源在数字化后表现出的特征决定了跨界融合服务模式的构建。LAM馆藏的数字化资源的格式、标准以及数字化资源的类别和主题等特征在不同的图书馆、档案馆、博物馆等馆藏机构之间存在着差异，这种差异性造成了资源整合上的壁垒。比如数字化资源的存储格式不同，在融合服务过程中，需要按照不同格式的数字资源特征和技术参数要求，开发一种能够兼容不同馆藏数字资源元数据的解决方案和系统平台。从不同的馆藏资源的内容上来看，不同机构的馆藏资源往往采取了不同类型的分类方法。图书馆一般采用22大类学科分类的图书分类法；而博物馆采用的分类法相对更加多元化，主要从馆藏物品的外部特征进行分类；档案馆则根据档案分类法进行分类。对馆藏内容不同的分类方法和标准是LAM进行服务融合时必须要考虑的关键问题，也是服务融合过程中的重要技术瓶颈。

（三）馆藏资源的版权保护问题

图书馆、博物馆和档案馆的跨界融合服务，主要建立在馆藏资源共享和整合的基础上，尤其是馆藏资源的数字化建设及网络化共享，馆藏资源的整合过程涉及不同主体的利益冲突和协调。从国内的实际情况来看，公共图书馆和博物馆隶属于政府文化管理部门，但是档案馆隶属于档案管理部门，同时高校的图书馆、博物馆和档案馆又归属于高校管理，隶属关系的不同使得LAM跨界融合需要进行跨部门的协调管理，制定良好的政策为实现LAM融合服务提供制度和政策保障，以保证LAM数字资源整合及服务能够顺利开展。

（四）LAM跨界融合服务影响因素的关系

随着互联网+时代跨界融合趋势的发展，图书馆、档案馆和博物馆之间的跨界融合服务成为一种历史发展的必然趋势。但这种历史发展必然趋势的跨界融合诸多发展因素的影响。从宏观层面来看，国家和政府制定的图书馆、档案馆和博物馆管理领域的相关政策决定了三馆能否开展资源服务方面的跨界融合，同时还决定了三种公共文化服务机构能否在传统的资源和信息服务模式上实现突破，应用新技术手段实现资源的整合，扩展新的服务方式和服务领域。这些影响因素相互作用、彼此联系，影响着图书馆博物馆档案馆在资源和服务方面的合作和发展。具体包括如下几点：第一，相关的政策以及法律法规，提供了图博档合作的宏观环境。合理的鼓励性政策将有助于LAM三馆打破原有服务模式的限制，从而更为积极与灵活地展开合作。第二，LAM馆的服务融合即要遵守相关的法律法规，又要尊重图博档原有的传统，在三馆共有的服务方式上实现融合与创新，而不是将一些不适宜融合的服务方式生硬地拼凑在一起。第三，相关政策与LAM原有传统是三馆资源整合及服务的外因，而数字资源的内容特征属于影响资源整合及服务模式的内在因素，三者交织在一起共同影响LAM数字资源的整合及三馆服务模式的融合。

（五）LAM融合服务模式的基本架构

信息技术的发展，对人们的生活产生了深远影响。随着互联网+时代的到来，协同创新成为产业技术创新的新模式。互联网突破了地域、组织、技术的界限，整合了政府、企业、协会、院所等优势资源，形成跨领域、网络化的协同创新平台。互联网+时代促使人们生活模式发生了深刻变革，社会民众对高品质的文化资源的需求也越来越迫切，互联网时代用户行为的改变也客观要求LAM需要打破边界限制，相互融合为用户提供更加优质的信息服务。

LAM之间的跨界融合服务并不是简单地把三种机构的资源和服务拼凑在一起，而是在相互融合的基础之上形成资源和服务的有机整合，并产生出新的服务内容和方式，这种跨界融合强调的是创新融合。需要重新架构自己的顶层设计，定位自己的服务目标和宗旨，服务内容也不仅仅局限在资源和知识的共享，而应该挖掘资源的深层价值，为提高国民综合素质提供智力服务。资源融合和服务主要分为三个方面，一是实现三种机构资源外部特征的整合，通过资源的数字化提供统一的检索和浏览服务，将不同机构的资源整合在一个数字化服务平台上；二是在馆藏资源的数字化整合基础上实现机构知识服务能力的提升，对不同机构的资源进行挖掘整理，对资源进行二次加工分类，为用户提供便捷而又全面的深层次的知识资源；三是提升馆员服务能力，开发馆员智慧，对整合的资源进行再次的深加工和开发，从而创造出新的文化资源。

在对LAM融合服务模式进行分析的基础上，构建出LAM融合服务的基本架构，主要包括三个层次。

第一层次是资源服务层，是跨界融合服务的基础层次，该层次主要是馆藏资源的整合和数据层面的服务。其中数据层次资源整合的主要任务是将资源的不同元数据整合到统一的平台上，采用的方法主要包括元数据映射和元数据收割协议等等，也可以开发独立的元数据项目方案。经过资源服务层次对馆藏资源的整合和组织，使用户可以获取基本的信息资源检索服务，用户可以通过一站式平台实现对三种机构馆藏资源的统一检索。这一层次还包括对信息层面的资源整合，主要是基于不同的资源类别，不同资源内容之间建立相互关系。这种整合分类主要包括两种，一种是对资源进行分类，将不同机构的资源类型划归到同一类目下，并以统一的分类标准为用户提供资源的展示和导航。为了提供直观快捷的资源导航，需要相关领域的专家从宏观上把握三种机构资源的特点，并提出相适应的统一分类方法。

第二个层次是知识服务层，主要为用户提供信息咨询服务。基层指标是对资源的整合，但对不同机构的资源内部的语义关系揭示不足，没有形成有效的关联语义网。图书馆、博物馆、档案馆之间的融合服务，要求服务馆员不仅要熟悉自身领域的资源特点，而且要掌握整个资源整合平台的所有资源，熟悉不同资源内部的深层联系，向用户提供优质的知识服务。这一层次提供的知识服务主要基于对LAM资源进行知识层面的整合，通过关联数据将不同机构的资源深度整合在一起，从而形成资源内容与这一层面的互联，构成跨界的知识网络体系。基于知识服务层次的资源整合，能够使LAM资源服务平台和体系向用户提供直接的知识存储、信息检索、推送和信息咨询服务。

第三层次是智慧服务层，智慧服务层不仅融合了各个机构的馆藏资源，还包括了不同机构馆员以及相关领域专家学者的智力资源，并在资源整合的基础之上进行知识的再创造和创新，为用户提供智慧化的知识资源服务。LAM数字资源整合深度与融合服务模式存在密切的关联关系，数字资源整合深度在很大程度上决定了其融合服务的模式。资源服务层的服务主要是对资源保存格式和标准的统一；知识服务层主要是基于LAM数字资源内容之间的语义关联；智慧服务层不仅仅基于LAM数字资源实现资源内容之间的数据关联，还要集合不同机构馆员和专家的智力资源，做到显性知识和隐性知识的共享和传递。智慧服务层需要有匹配的服务模式，以实现资源的有效整合绩效，充分发挥资源和服务的效能。

（六）"互联网+"时代LAM融合服务模式的创新

互联网+时代对公共文化组织的资源服务和融合带来了难得的机遇，但也同时带来了巨大的挑战。图书馆、档案馆和博物馆的馆藏资源的深度整合，必须突破传统服务方式的束缚和限制，改变原有服务逻辑和思维，需要进行服务方式的创新。图书馆、博物馆和档案馆馆藏资源的同平台一体化整合，为服务模式的创新奠定了基础，同时也为发挥馆藏资源的内在价值提供了前提条件。同时，服务方式的创新要求服务人员需要提供更多的智力资源的投入，以馆藏资源为纽带和载体，将专业馆员和专家学者所拥有的隐性知识显性化。在智慧服务层，专业的工作人员不仅是承担着知识传递的任务的服务者，还是知识的制造者，这一层次强调专业馆员和用户融合参与的知识再创造。

创新服务模式的构建，需依托语义网技术实现馆藏资源的深度数据关联与开发，并充分挖掘隐性知识的价值，将隐性知识显性化，并与显性知识相结合，进行知识的再开发和创造。图书馆、档案馆和博物馆的馆藏资源和服务的融合，为进行这样的知识开发和创造提供了极大的便利，相比传统模式下的单一机构主体服务具有显著的优势。比如智慧层的融合服务能够充分利用三种机构的资源优势提供主题学术讲座或者互联网慕课资源，通过聘请专家开展专题讲座，充分利用馆藏资源制作内容丰富、信息量大、生动直观的互联网课程内容，为用户提供在线学习和阅读，扩展用户服务的半径，并提升三种机构在用户中的影响力和竞争力。增强现实（Augmented Reality，AR）技术，是一种实时的计算摄影机影像的位置及角度并加上相应图像的技术，这种技术的目标是在屏幕上把虚拟世界套在现实世界并进行互动。增强现实技术，它是一种将真实世界信息和虚拟世界信息"无缝"集成的新技术，是把原本在现实世界的一定时间空间范围内很难体验到的实体信息（视觉信息，声音，味道，触觉等），通过电脑等科学技术，模拟仿真后再叠加，将虚拟的信息应用到真实世界，被人类感官所感知，从而达到超越现实的感官体验。真实的环境和虚拟的物体实时地叠加到了同一个画面或空间同时存在。通过运用AR技术，将图书馆、博物馆和档案馆的馆藏资源立体显示、互动呈现，带给用户全新的文化体验。主要体现在用户参观实体馆时，通过增强现实技术向用户提供更多的资源展示及相关信息等服务。

互联网+时代，信息网络技术改变了博物馆、档案馆的资源呈现方式和服务方式。图书馆、博物馆和档案馆的依托互联网技术的跨界融合，能够整合三种机构特有的馆藏文化资源，创新资源服务模式，提升三种文化机构的内在价值和外部竞争力。

第九章　公共图书馆阅读推广模式创新

第一节　公共图书馆智慧阅读推广模式

"智能互联、万物融合"的加速到来，为全民阅读带来了前所未有的机遇与挑战。智慧阅读作为一种划时代意义的阅读方式逐步出现在大众视野，其不仅极大地降低了阅读门槛、丰富了阅读形态，还拓展了阅读内容、保障了读者的阅读权利，对于促进读者身心健康发展具有十分重要的现实意义。近几年，随着阅读推广活动逐渐受到重视并且逐步得到大规模的发展，公共图书馆在阅读推广活动中也逐步开始利用智慧图书馆的新技术及智慧技术。当前，关于图书馆智慧阅读推广的研究仍处于起步阶段，相关理论研究少之又少，因此，还需从研究数量、深度、广度上不断增强。

一、智慧图书馆与智慧阅读推广模式的内涵

智慧图书馆，是继复合图书馆、数字图书馆后，图书馆发展的一个更高级阶段，是建立在系统文献资源、智能知识服务、智慧保障支撑基础上的新型知识服务体系。具体而言，智慧图书馆指的是在物联网、大数据、云计算等环境下，基于云计算与智慧化设备所建构的融合化、互动化、可视化、泛在化智慧数据平台系统，集高效的服务管理质量、互联的文化数据环境、多元的信息共享空间于一体的智慧服务综合体。

所谓的智慧阅读推广，本质而言，是通过全面感知、智能识别读者的阅读特征及其需求，自动设置推广目标及方法，向读者传递与之相匹配的阅读资源，并通过实时跟踪、监控记录阅读全过程及成果，实现个性化推广支持的过程。与传统阅读推广服务不同，智慧阅读推广具有以下特点。

（一）以读者为导向的服务模式

图书馆传统阅读推广模式是由推广人员明确推广的时间、内容、方式等，读者需要依循活动的具体安排参与阅读，因而属于从属地位。而智慧阅读推广进一步开放了图书馆的阅读资源及工具，读者可依循自身需求自主筛选资源、订制阅读目标、选择阅读途径、决定阅读进度，实现个性化、多元化阅读。不仅如此，智慧阅读推广提供多层次阅读支持，读者可在自适应、泛在化的阅读环境支持下，实现深度阅读，享受极致的阅读乐趣。

（二）强调阅读的互融互通

智慧阅读推广打破了传统单一的虚拟阅读空间，通过服务集成构筑一个开放式阅读平台，实现线上、线下阅读的无缝对接，为读者提供了互融互通的阅读服务。

（三）实现多视角决策

智慧阅读推广借助于智能技术高效收集读者阅读语音、文字、图像等，跟踪读者阅读行为及轨迹，深度挖掘读者所留存的非结构化数据，精准识别每位读者的阅读规律，科学完成推广目标决策，通过理性推理预测各决策推行效果，继而确定最优决策，为图书馆提供最优化阅读推广方案。

二、图书馆智慧阅读推广模式架构

智慧图书馆是未来图书馆发展的新趋势和新方向，同时阅读推广服务也是未来图书馆服务发展的新内容和新动力。

对于图书馆而言，智慧阅读推广关键是要发掘阅读数据及资源背后的规律，全部把握读者的兴趣偏好，通过用户细分实现大众阅读推广与分众阅读推广。可见，图书馆智慧阅读推广目标集中在数字阅读层面，必须通过智慧阅读平台构建实现读者数字阅读素养的稳步提升。具体而言，智慧阅读推广模式的构建涉及对读者阅读数据的感知、整合、关联分析、偏好发现、个性化定制等方面，继而构成一个集推广规划、对象细分、策略分析、数据变化分析于一体的架构。图书馆智慧阅读推广模式包括三大模块。

（一）智慧门户模块

该模块包括个人、资源、协作三大门户。其中，个人门户以个性化服务为特征，提供极具个人特色的学习空间；资源门户提供馆藏资源的采集、管理、推荐以及流转等多项功能；协作门户则针对具有共同阅读偏好的群体提供学习空间。

（二）智慧图书馆模块

该模块实现了读者、资源、管理与服务等各子系统的集成。此类子系统在该平台上聚集了海量数据，为图书馆从海量积聚的非结构化数据中发掘前瞻性信息，实现智慧阅读推广提供了依据。

（三）推广服务模块

该模块涉及前段分析、策略决策、组织实施、评价反馈四部分，其中，推广前段分析主要是借助智能技术完成多元异构数据的接入、存储、分析、处理、查询、可视化等过程，实现数据的高效整合与数据系统的建立，推广人员利用该系统对读者特征、阅读需求、阅读内容展开深度分析，明确其阅读偏好、文化背景、动机情感等，以识别读者阅读特点与行为，构建多维读者分析模型，为智慧阅读推广最优决策提供支持；对于推广策略决策而言，其通过回归、聚类、关系规则、神经网络等方法进行读者阅读模型构建，以便对读者未来阅读趋势进行预测，科学寻找最佳推广内容及最优解决方案，为读者提供个性化、差异化阅读环境；推广组织实施是通过智能记录读者阅读过程，统计跟踪读者的查询、下载、阅读、反思等行为，并借助舆情监测技术明晰读者阅读交互式传播路径、读者参与交互传播的热度、信息传播层级等行为，通过交互行为识别与科学筛选，掌握读者阅读情感状况，洞悉其阅读参与性、热度、专注度等，继而判断读者是否存在阅读困难及薄弱问题，为读者阅读体验的逐步优化提供具体的推广实施方案；评价反馈主要负责对阅读推广的预测、决策是否可行进行反馈，并及时修正推广决策。

第二节　基于5W传播理论的公共图书馆群组阅读推广模式

随着信息化的发展和数字化时代的到来，人们的阅读方式和阅读习惯发生了较大的变化，读者间的阅读区别分层越来越明显。与此同时，各地各级公共图书馆的阅读推广服务工作也随之进行了转变，根据读者阅读兴趣划分的群组成为公共图书馆阅读推广的对象单位。为了顺应读者身心发展特点和契合其阅读习惯，凸显出图书馆阅读推广的高效化、规范化与个性化，充分发挥公共图书馆的阅读推广作用，部分公共图书馆尝试了与5W传播理论相结合的实践研究。我国传统的公共图书馆阅读推广服务模式大致遵循"读者主动提出要求、图书馆根据读者要求提供服务"的被动推广方式，在这种情况下，深入研究和发掘5W模式在公共图书馆领域的应用，对创新图书馆阅读推广的客体单位，从单一的个人向群组进行转变，提升公共图书馆的阅读推广活动效果具有重要意义。

一、5W传播理论应用于公共图书馆群组阅读推广服务的适用性与可行性

5W传播理论是一种科学化的建模理论，下面从5W传播理论和公共图书馆群组阅读推广服务的概念出发，阐述二者融合的适用性和可行性。

（一）适用性

5W传播理论认为人类社会的传播活动从其过程和环节进行划分，主要由主体（who）、内容（says what）、媒介（in which channel）、客体（to whom）、效果（with what effect）这五个要素构成。公共图书馆是社会公共资源储存、交换与传播的中心，在本质上来看也属于社会传播活动的范畴，因此，5W传播理论应用于公共图书馆群组阅读推广服务活动具有科学的理论基础。针对公共图书馆阅读推广服务的实际情况，5W传播理论中的五大要素又可具体化为控制分析、内容分析、媒介分析、受众分析、效果分析五部分。

（二）可行性

公共图书馆群组阅读是以阅读情感和阅读感知为出发点，根据广大社会读者阅读兴趣和爱好进行划分的若干阅读群体，每个群体内部的阅读需求差异较小，在公共图书馆进行阅读推广服务时，可以针对每个群体进行共性的、集中的推广内容选取，而群体间的差异则十分明显，公共图书馆通过设计群组间的阅读推广内容，也实现了服务的个性化与普适化兼顾。结合5W传播理论，群组单位作为公共图书馆阅读推广的客体，实际上改变的是整个阅读推广的流程和图书馆定位。目前我国部分公共图书馆在群组阅读推广领域已经具有丰富的实践经验，5W传播理论也日臻完善，因此，基于5W传播理论的公共图书馆群组阅读推广服务模式研究具有充分的理论支撑和实践基础。

二、5W传播理论下的公共图书馆群组阅读推广服务模式构成要素

按照5W传播理论的界定，公共图书馆群组阅读推广服务模式由主体、内容、媒介、客体与效果五要素构成。

（一）主体

公共图书馆群组阅读推广服务模式的主体即为公共图书馆，图书馆是社会文化文明建设的重要力量，是文献与信息资源汇聚的中心、人类文明成果的保存地。此外，公共图书馆承担了读者群组的划分、阅读推广内容选择、方式建设等重任。其中，图书馆员充当着重要的角色，因此，图书馆馆员是进行群组阅读推广服务的能动性主体。另外，随着信息化技术的进一步发展，馆际之间的合作成为公共

图书馆服务的主流趋势，越来越多的公共图书馆不再以单一的主体形式开展阅读推广活动，而是与当地的高校图书馆、博物馆或档案馆等文化服务机构形成合作关系，共同为不同样组读者提供相应的阅读内容和推广活动。总而言之，5W传播理论的公共图书馆群组阅读推广服务主体从宏观上看为公共图书馆自身，从微观上又可分为能动性主体与合作性主体两类。

（二）内容

公共图书馆群组阅读推广服务模式的内容主要有纸质文献和数字文献，格式体现为文本、图片、音频、视频等多种形式。目前来看，大多数图书馆采用的是纸质文献推广与数字文献推广兼具的形式。一方面，馆内的新书推荐会、读者交流会、地方民俗活动、当地文化节等推广方式推陈出新，吸引了广大读者的阅读兴趣，培养了他们良好的阅读习惯；另一方面，借助社交媒体平台开展的数字阅读推广也被公共图书馆普遍采用，读者可通过加入兴趣小组的方式自行组建阅读群组，也可由图书馆根据读者的检索记录和所填写的信息进行分组，从而投其所好，向读者分层次、分学科的实时推荐符合其阅读需求的专业科研阅读内容，实现公共图书馆的群组推广服务。

（三）媒介

由于公共图书馆群组阅读推广服务的内容可以从表现形式上分为纸质文献和数字文献两种，与之相对应的是，进行群组阅读推广服务的媒介也被分为物理空间和虚拟媒介两类。物理空间的群组阅读推广常见方式是将群组成员聚集在图书馆内，由图书馆引导、协助读者进行有针对性的讲座或交流活动，是一种图书馆为主要发起者、读者用户为被动接受者的推广服务。虚拟空间的阅读推广服务媒介方式更为灵活，覆盖面更为广泛，常见的有视频培训、网上资源推荐和社交平台的阅读推广，具有创新意识，能够更好地契合当下新技术发展潮流，更符合广大读者的阅读习惯，特别是采用人们常用的微博、微信等社交软件，能够增强公共图书馆群组阅读推广服务的友好性和有效性。同时，5W传播理论中的公共图书馆群组阅读推广服务的媒介也作为一个群组内智慧共享空间而存在，为读者间的阅读交流以及读者与图书馆的互通反馈提供了广阔便捷的平台。

（四）客体

公共图书馆群组阅读推广服务的客体，宏观意义上讲是社会上所有读者用户，微观意义上则指以群组为单位的读者小组。由于很多公共图书馆碍于人力和物力条件所限，无法真正实现针对每个个体提供个性化、差异化服务，群组单位的出现则是聚集了相同阅读需求的公共读者，公共图书馆可以为组内读者提供相应的阅读推广内容，间接地为组员提供个性化服务。客体群组的精准化可以提高公共图书馆阅读推广服务的有效性，避免了资源的浪费、优化了馆藏配置，同时有利于增强读者用户对图书馆的黏性，营造了良好的公共阅读环境。

（五）效果

检验阅读推广活动的成效，既要检验可量化的后续显性成效，也要检验不可量化的后续隐性成效。结合公共图书馆群组阅读推广服务模式的构建，5W传播理论中效果要素可以理解为评价阅读推广成效的指标。一套合理的、科学的群组阅读推广评价机制是总结前一阶段工作成果、反思前一阶段工作问题的标准，也是下一阶段工作制定的依据和出发点，因此，公共图书馆群组阅读推广服务评价的正确运用具有深远的意义。根据公共图书馆群组阅读推广服务的实践，其效果指标也要有所区分。在整体上，首先要对群组的划分进行指标测评，考量群组区分和合理度、有效度及覆盖度；其次要对公共图书馆群组阅读推广服务流程进行评价，如推广内容的选取与群组内读者要求的匹配度、每一次开展阅读推广活动参与人数等，这些都成为公共图书馆群组阅读推广服务效果评价的重要依据。总之，设计一套行之有效的、因时制宜的多维评价指标体系，有助于立体、全面地衡量阅读推广服务过程中的得失。

三、5W传播理论下的公共图书馆群组阅读推广服务模式建设策略

（一）群组阅读推广主体：健全图书馆机构，加强合作

公共图书馆是群组阅读推广服务的主体要素，主体机构的健全和完善在很大程度上决定着阅读推广活动的效用。因此，在制定公共图书馆群组阅读推广服务模式建设策略过程中，要突出强调5W理论下公共图书馆的主体定位。一方面，公共图书馆应该加强自身的馆藏资源和文献建设，尤其重视数据资源的创新和发展，如针对群组用户的阅读需求，打造特色化文献数据库，以强化资源建设为中心健全图书馆群组阅读推广服务机构；另一方面，单一的图书馆面对多元化群组客体，其服务能力和服务内容是存在局限性的，为了突破公共图书馆群组阅读推广服务的瓶颈，越来越多的公共图书馆主动与当地高校图书馆、文化服务机构或基层组织之间建立合作关系，形成了广泛的合作联盟，从多方面挖掘资源、拓展推广服务范围，建设多渠道、多内容的群组阅读推广模式。此外，公共图书馆成立专门的群组阅读推广机构非常必要，由专人负责公共图书馆群组阅读的整体规划、管理和指导工作，能够保障阅读推广服务工作有序高效运行。

（二）群组阅读推广客体：群组划分，因地制宜

公共图书馆群组阅读推广服务的核心在于群组的精准划分与定位，这是图书馆个性化服务的延伸和发展。公共读者是5W理论视角下图书馆群组阅读推广服务

的客体，要想对群组读者进行精准的内容推送，重中之重是要明确群组划分的标准，一般来说，图书馆可以根据读者身心特征、科研专业、知识结构、阅读兴趣等特点确定群组，进一步为其打造"我想读什么就提供什么"的专属推广模式。例如，公共图书馆可以根据读者年龄将老年读者组成一个特定群组，将其作为阅读推广服务的客体，定期定址地为老年读者推送养生、保健类的相关资讯和读物，满足老年读者的共性阅读需求。此外，图书馆可以进一步发挥文化传播的作用，为老年读者构建交流平台，增强老年读者间的情感沟通与互动，帮助老年读者驱散孤独感。总之，5W传播理论中，客体因素直接影响着主体活动的效度和信度，对于公共图书馆群组阅读推广服务而言，因地制宜的群组划分，有利于加强公共图书馆对群组客体的关注，从而将公共读片的需求和阅读推广服务有效连接起来。

（三）群组阅读推广内容：开发特色，强调共享

5W传播理论视角下，内容要素是活动的中心，是贯穿于活动过程始终的，正因为如此，公共图书馆群组阅读推广内容的建设也是服务模式研究的重点和难点。由于公共读者的阅读范围广、对文献资源的需求量与日俱增，公共图书馆需要不断更新资源库，以保障阅读推广内容的全面和丰富，结合5W传播理论，公共图书馆群组阅读推广服务模式建设策略的内容要素层面可以从以下两方面展开：第一，公共图书馆可根据本馆的资源特色和地方民俗特色组建相应的阅读群组，针对群组读者的需求，再对某领域或某专业的资源集中进行标准化的、有价值的数字化加工，形成网络数据库，满足群组读者物理空间和网络平台双渠道的阅读要求。第二，公共图书馆尤其要重视公共图书馆间或与其他类型图书馆的馆际合作，通过达成合作关系，与之互通有无，实现资源的共享和共建，在减少资源建设成本的情况下，将资源的使用最大化，提高阅读推广服务的主动性和多样性，促进公共群组阅读推广服务内容的延伸和拓展。

（四）群组阅读推广媒介：创新服务，树立品牌

媒介是5W传播理论的基本组成部分，是公共图书馆实现对群组用户阅读推广服务的平台与渠道，因此，必须重视群组阅读推广媒介的创新和品牌树立。当前公共图书馆群组阅读服务推广媒介主要从两方面展开：第一，立足读者使用习惯，以读者常用的信息获取方式作为传播媒介，如社交媒体平台QQ、微信、微博等，公共图书馆形成了浓厚的阅读推广氛围，使无论哪一个群组的读者或每一个群组内的读者，全天候24小时均可以获取到相关资源，突破了传统阅读推广中常用的图书馆布告栏、广播站等形式在空间和时间上的限制，增强了公共图书馆阅读推广服务的效用。第二，打造公共图书馆群组阅读推广服务品牌，如可以建设真人图书馆，采用小组交流的方式，以动态的、立体的人物作为阅读资源，进一步吸引读者用户的阅读兴趣；再如，公共图书馆定期开展的"读书节"也逐渐成为长期的、稳定的、标志性的服务品牌。

（五）群组阅读推广效果：合理评价，规范管理机制

5W 传播理论的最后一个构成要素为评价，此评价又可看作是下一个 5W 传播活动的基础，有利于促进和改善公共图书馆阅读推广活动。针对公共图书馆群组阅读推广服务而言，有效的评价是指科学合理的评估体系，公共图书馆在经过主体提供——内容筛选——媒介构建——客体划分四个环节后，应该及时落实阅读推广评价工作。一般来说，完整的、规范的阅读推广评价体系包括评价方法、评价机构、评价指标和反馈信息等，通过对群组读者进行回访，获取读者的其实反馈，完成 5W 传播理论的一个阶段循环。群组阅读推广效果的最大价值在于使图书馆结合机构内衡量阅读推广活动指标清晰地认识到当前阅读推广活动存在的问题和不足，并以此为契机，在总结经验、吸取教训的基础上开启下一轮群组阅读推广服务活动，实现多个 5W 传播活动的衔接与良性循环。总之，重视 5W 传播理论中的评价要素，有利于对公共图书馆群组阅读推广服务进行规范管理，以促进活动更好更完善地开展。

综上所述，阅读推广是一个长期而艰巨的工程。5W 传播理论应用于公共图书馆群组阅读推广活动是适用的，更是必要的，有利于促使公共图书馆阅读推广形成一个更为精准和个性化服务的良性循环。

第三节　基于微信平台的公共图书馆阅读推广模式

微信是一种有效的信息传播媒介，为公众的工作、生活和学习带来了很大的便利。通过微信平台开展阅读推广为公共图书馆扩展读者服务渠道提供了新的思路。近年来，已有很多图书馆利用微信公众平台开展阅读推广，然而，如何利用微信公众平台吸引读者，引导读者由"浅阅读"向"深阅读"转变，从而提高阅读推广效果，是值得公共图书馆不断思考的问题。

一、公共图书馆微信平台阅读推广的优势

（一）庞大的注册读者群体

微信是社交媒介，微信用户数量巨大而且还在持续增长，这些数量众多的读者群体都可能是潜在的读者用户群体。除了读者群体方面具备的优势，微信的免费使用、操作简单、信息推送多样化等优势也比较显著。公共图书馆作为国家公益性的文化服务机构，必须考虑到其阅读推广对象的覆盖面，不能受到年龄、地

域以及身份等方面的限制，要面向全民族挖掘潜在读者，利用微信公众平台庞大的用户群体开展图书阅读推广活动。

（二）微信平台阅读推广投入成本低

随着智能手机在公众群体中的普及度越来越高，微信读者在查阅文献的时候不再受到时间与空间的限制，能够自主获取微信的阅读推广信息，也能够自主检索需要的信息资源，提高了阅读推广的灵活性，也就是说，只要有网络覆盖的地方就可以开展信息推送活动。读者使用微信不收费，公共图书馆借助微信平台开展阅读推广也不需要进行过多的投入，成本比较低，更容易被接受。

（三）信息传播方式便捷

对于微信平台来说，信息推送是通过网络进行，传播的速度快，图书馆借助微信平台开展阅读推广能够提升时效性。以微信为载体开展阅读推广不仅具备信息传播速度的优势，还丰富了阅读推广的内容。纵观传统的图书馆阅读推广活动，基本都是文字信息发布，或者是开展线下推广，相对比较单一。而微信平台阅读推广则是语音、文字等的融合，信息传播手段更加现代化，也更加立体化，图文、语音、视频结合能够带给读者更为直观的感受，提高了阅读推广的实效性。

二、公共图书馆在微信公众平台推广阅读服务存在的问题

（一）平台推广力度不够，内容质量有待提升

很多公共图书馆在微信公众平台推广阅读服务力度不够，活跃粉丝数量不足。出现这种现象大致有两方面的原因：一是多数公共图书馆对微信公众平台的推广力度不够；二是发布的内容价值不足、质量不高、对读者的吸引力不够。

（二）阅读推广效果不佳，服务质量有待提升

很多公共图书馆在微信公众平台推广阅读服务的成效并不尽如人意，出现此种情况主要由于推送内容质量不高，不能吸引读者，或服务质量不高，缺乏与读者的互动，不能激发读者的阅读兴趣。

（三）深度阅读推广不足，引导性阅读有待加强

很多公共图书馆在微信公众平台开展了"微阅读""在线阅读""云阅读"等阅读推广活动，有效地引导了读者进行"浅阅读"，但缺乏"深阅读"活动的开展，如读书沙龙等。图书馆利用微信公众平台开展阅读服务的深度不够，应加强对读者的正确引导，促使读者由"浅阅读"向"深阅读"转变。

三、公共图书馆在微信平台推广阅读服务的优化策略

针对当前我国公共图书馆利用微信公众平台推广阅读服务存在的问题，图书馆应充分挖掘"潜阅读"用户，将"潜阅读"用户引流到微信公众平台；通过提高服务质量，增强用户黏性，吸引读者阅读，将"潜阅读"转化为"浅阅读"；通过适当的激励机制、良好的互动活动等引导读者，激发"浅阅读"读者的阅读热情，将"浅阅读"引入"深阅读"。

（一）拓展推广途径，吸引读者关注

微营销时代是粉丝经济时代，对微信公众平台而言无论是内容营销还是服务营销，如果缺少粉丝关注，策划准备得再充分也毫无意义，因此，微信公众平台营销的核心就是粉丝。粉丝的获取完全取决于用户的主动性，只有用户主动关注微信公众号，才能定时收到微信公众平台推送的信息。微信公众号的关注度直接影响阅读推广的效果，因此，图书馆要强化营销理念，采取多种形式宣传推广图书馆微信公众号，提高图书馆微信公众平台的活跃粉丝数量。

1.线下推广，主动邀请和激励引导

线下推广是阅读推广的常规方法，图书馆可以通过以下两种方式提高用户的关注度：一是主动邀请。利用读者到图书馆借书、还书、参加活动、听讲座等机会主动邀请读者扫描图书馆微信二维码，关注图书馆微信公众号。二是被动设置。图书馆可将带有二维码的宣传海报或流动图书车放置在图书馆入口或人流量较大的地方，通过馆员引导、"关注有奖""分享有礼"等吸引、鼓励读者关注并转发。图书馆要转变服务理念，由被动服务转向主动服务，通过热心的服务和适当的奖品激励，最大限度地吸引读者关注。

2.线上推广，自然裂变和文库引流

线下推广主要针对经常到馆或参与图书馆实体活动的读者，而有很多读者虽未到馆，但也时刻关注图书馆的动态，如图书馆QQ服务群中的用户、微博和博客的粉丝、浏览主页的用户等；各大社交平台上也存在大量的"潜阅读"用户，如个人微信、社交网站等。图书馆应利用各种新技术、新方法，多途径深挖掘，将以下两种"潜阅读"用户引流到微信公众平台，提高公众平台的关注度。

（1）已是图书馆"潜阅读"用户的转换

图书馆可以将其微信公众号的二维码置于图书馆主页、博客、微博的显著位置和QQ群的公告栏中，通过文字描述，将平台上的"潜阅读"用户引导到微信公众平台，实现自然裂变。

（2）各大社交平台上"潜阅读"用户的引流

朋友圈是读者关注公众号的第一渠道。公共图书馆可通过一些热爱阅读推广的个人微信账号推广图书馆公众号，提高公众平台的关注度；各大社交网站、论坛、经验交流平台、问答平台等也是阅读推广的重镇，如豆瓣、知乎、百度经验、百度知道、天涯问答等，将微信公众平台的二维码或微信公众号植入高质量软文或问答中，利用内容引流、文库引流、问答引流等方式将"潜阅读"读者引流到微信公众平台，从而提高图书馆微信公众号的关注度。

（二）提高服务质量，增强用户黏性

1.加强内容建设，提升用户关注度

"内容为王"是图书馆微信公众平台发展的重要原则。当一个微信公众号推送的内容兼具实用性、趣味性，并贴近用户，能够满足用户分享的需求时，这个微信公众号就成功了一大半。具备这些特征的内容，用户会主动分享，并辐射到用户强关系链上的好友，促使更多基于真实关系的传播。图书馆应通过不断提高内容质量，利用蝴蝶效应，引领读者阅读，增强读者黏性，具体而言，可以通过如下几种形式：

（1）利用微信

公众平台用户管理功能实现精准推送。微信公众平台后台可以获取用户的全部信息，并提供强大的用户分组功能，可以按地域、性别、喜好、需求等不同的指标分组，根据分组类型及文章类型进行精准推送。只有读者需要且认为有价值的文章才是好文章，他们才会自愿去分享、转发，产生裂变效应，从而增强用户黏性，提高微信公众平台的关注度。

（2）结合时事热点，推送相关图书

适当结合当下社会热点，推送与之相关的内容或编写与该热点有关的主题，积极参与用户的评论互动，向关注该公众号的用户推送与该热点有关的图书，达到事半功倍的效果。

（3）"拆书"，经典图书推送

所谓经典，就是经久不衰的万世之作，为了引导读者充分利用碎片时间阅读经典图书，可以将经典图书按照章节拆分、重组，使其适合碎片化阅读。

（4）多原创少转发

高质量的原创文章更可能会被其他微信公众号或个人微信转发、分享，产生裂变效应。

（5）心灵鸡汤美文

在物质生活丰富、精神生活匮乏的时代，名人名言、励志创业、爱情、生活、工作等类的文章更容易被读者接受，增强用户黏性。

2.加强服务群建设，实现良性互动

除了高质量的内容，还有很多细节影响着图书馆微信公众平台用户的忠诚度，如与粉丝的互动。实现互动的方法有很多，如签到、答疑、微信功能服务、调查、有奖竞猜、有奖征文、用户评比、游戏抽奖等。答疑类互动是最受用户欢迎的，也是最容易与用户形成强互动的一种形式。微信公众平台虽然实现了互动服务，但只能实现平台与粉丝的互动，即使是关注同一微信公众平台的粉丝也不能实现彼此间的互动。而在图书馆利用微信公众平台进行阅读推广时，由于馆员数量不足，不能及时回答读者的问题，进而使读者体验欠佳，甚至取消关注。为此，图书馆在利用微信公众平台进行阅读推广时可以建立微信服务群，将有问题的读者添加到服务群中，将热衷于阅读推广服务的读者设为管理员，读者可以对某个主题的内容展开深入探讨，也可以帮助其他读者解决问题，实现良性互动，从而提高粉丝的忠诚度。

（三）加强互动功能建设，促进读者深度阅读

1.建立激励机制，鼓励读者评论

有效引导读者对某个主题或文章内容发表评论，不仅有利于促进读者的深度阅读，还可以培养读者的创新思维。通常，整体上参与评论的读者关系比较稀疏，习惯于浅层次的互动（阅读、点赞），深层次的互动（评论）较少。而高产评论读者之间的关系比较密切，可以推动整个微信公众平台进行深层次的阅读评论。为有效地将"浅阅读"引向"深阅读"，引导读者对某个主题或文章进行深层次的评论，调动读者的积极性，可以采取一些激励措施，如每天从参与留言评论的读者中抽取一名幸运读者赠予图书，促进读者积极撰写评论。对于优秀的评论应及时给予回复，以促进读者更深层次的思考，同时也可以拉近与读者的距离，增强读者对平台的黏性。

2.搭建交流平台，引导读者深度阅读

微社区"兴趣部落"是基于微信公众平台的互动社区，可以应用于服务号和订阅号，是提升人气、增强用户黏性的有效模式。充分利用"兴趣部落"微社区，通过定期或不定期设立某个主题或阅读书目引导读者进行交流、分享，也可以由读者发起某个主题，实现读者间的交流、互动、思想碰撞，从而达到促进读者深度阅读的目的。

3.线上线下同步，营造读书氛围

"碎片化阅读""浅阅读"已成为现代阅读的趋势，人们可以充分利用碎片化时间阅读大量的信息。但是，如果只是一味地进行"碎片化阅读"，缺乏对国民从

"浅阅读"向"深阅读"的正确引导，将会导致国家文化底蕴的丧失。美国联机图书馆中心的研究显示，最受读者欢迎的阅读方式是在图书馆与他人分享阅读经验和体会，即读书沙龙。通过读书沙龙可将一群具有共同兴趣的读者聚集在一起，围绕一个主题进行深入的讨论、交流并分享读书经验和体会。读书沙龙能够增进读者交流，促进读者深度阅读，提高图书馆人气。传统的读书沙龙受时间和空间的限制，只能集结同一城市中拥有共同爱好的部分读者，很多读者希望参与但由于时间和地理位置等限制无法到场，此时可以借助微信公众平台，将读书沙龙实况通过现场直播的方式展示给读者，读者可以根据现场情况，利用微信公众平台的交互功能与现场的嘉宾、读者进行交流，分享自己的阅读经验。微信公众平台在进行读书沙龙直播时，需开通读者与平台互动功能，在直播的同时用户可以实时与平台互动。采用这种模式进行读书沙龙直播可以打破时空限制，用户只要关注图书馆微信公众平台，就可以通过该平台的直播功能实时与沙龙现场进行互动、交流、从而激发读者的阅读兴趣。

第四节　基于云计算的公共图书馆阅读推广模式

一、云计算的特点

一是规模大。"云"计算能力非常强。二是虚拟化程度高。"云"没有固定的位置，也不是固定的实体。"云"在某个地方运行，我们无须了解、也不必知道它的具体位置。借助电脑和移动设备，实现我们需要的"云"服务，如超级计算服务。三是可靠性强。"云"采用了数据容错和计算节点同构互换等技术来保障其服务的可靠性。"云"服务安全、可靠。四是通用性强。"云"的应用千变万化，一个"云"可同时运行多种应用，提供多种服务。五是扩展性强。"云"的规模变化莫测，可大可小，以适应用户的实际需求。六是按需付费。"云"提供的资源相当丰富，可以按需购买与计费。七是成本低。"云"资源的利用率比传统资源高，用户可以充分享受"云"的低成本优势，过去费用高、时间长才能完成的任务，有了"云"，就大大减少了费用、缩短了时间。

二、云计算的经济效益和社会效益

云计算给整个社会带来重大变革。云计算的应用遍布各行各业，如银行、电信、物流、医疗、制造业、公共服务行业、教育、科研部门等，为这些行业带来了巨大的经济效益和社会效益。

虚拟化作为云计算的基础，可为IT行业节省成本，节省的资金可用于业务发展的创新。

用户可以灵活选择业务服务、开发环境、基础架构等开箱即用的IT能力，只需付少量费用就可获得计算、软件、数据、存储等云资源，切切实实地帮助用户把资产成本转换为运营成本。

三、云计算类型

从云计算的架构和业务模式来看，云计算分为公共云、私有云、混合云三种类型。

（一）公共云

公共云为公众提供开放的计算、数据、存储等服务。公共云部署在公司的防火墙之外，由云供应商进行维护和管理。软件、硬件、应用、带宽等云供应商都负责其系统的安装、管理和维护。用户只要为其使用的资源付费即可。

（二）私有云

私有云部署在公司的防火墙之内，为某个特定组织或企业内部提供相应的服务。私有云由组织或企业自己维护和管理。与公共云相比，私有云具有以下优势：数据管理安全、服务质量稳定、硬件资源和软件资源可充分利用、不影响IT流程的管理。但是，对于组织或企业的部来说，建立私有云比较困难，且持续运营成本较高。

（三）混合云

混合云是公共云和私有云的混合。一般来说，混合云由企业内部创建，由企业和公共云提供商共同完成维护和管理任务。混合云可以为其他弹性需求提供一个良好的平台，这极具成本效应，如灾难恢复。也就是说，私有云把公共云作为转移灾难的平台，并在需要的时候去使用它。混合云使用公共云作为一个选择性平台，同时选择其他的公共云作为灾难转移平台。结构完整、合理的混合云可以为各种重要的流程提供安全的服务，如接收客户支付流程和员工工资单流程等。使用混合云，比单独使用私有云或公共云复杂得多。

四、云服务模式

（一）软件即服务

Saas服务供应商将软件部署在服务器上，用户不再像传统模式那样花费大量的资金在软件及维护上，他们只需支付一定的服务费用，通过互联网就可以得到相应的软件和维护服务，这是网络应用最佳的营运模式。例如，云计算ERP服务，用户可以根据软件的功能、数据的存储空间等实际应用进行付费，对于软件许可、操作系统、数据库等费用都不需支付，软件系统的设计、开发、管理、维护等费用也无须支付。云计算 ERP 服务的特点是继承了开源 ERP，免许可费用、只收服务费用、突出服务。

（二）平台即服务

PaaS 服务供应商将开发环境当作一种服务来提供。PaaS 供应商将开发环境、服务器、硬件、软件等服务平台租给用户，用户在此平台上进行软件开发，通过 PaaS 服务平台将软件出售或租用给需要的用户。PaaS 平台还提供软件开发、数据库设计、服务器租用、服务器托管等服务给个人或单位使用。

（三）基础设施服务

IaaS 服务供应商将多台服务器组成的"云端"基础设施，作为计量服务提供给用户。它将处理、存储、网络、计算能力、用户部署和运行的软件、操作系统以及应用程序等组成一个庞大的资源池，为用户提供虚拟化的存储和服务器等。IaaS 提供的是一种硬件托管服务，用户可以根据实际需要租用其硬件资源。用户不需要管理、控制任何云计算基础设施，但能控制操作系统的选择、储存空间的分配和应用部署，也可以控制部分网络组件（如防火墙、负载均衡器等）的应用。

（四）云服务框架模型

云服务涉及的人员和组织机构，关系复杂，其中有服务用户、服务管理员、服务供应商、服务设计人员等。设计和开发人员开发出各种服务，用户发送服务请求，云服务供应商将这些服务提供给用户使用，按需收费或免费，供应商后台管理员对系统进行维护。

五、国内图书馆云应用

中国高等教育文献保障系统（CALIS）、国家图书馆、省市图书馆等建立了不同程度的基于云计算的联合编目系统。

基于 CAI1S "十五"成果、三期建设目标和未来发展，CALIS 提出数字图书馆云战略，即设计和开发 CALIS 数字图书馆云服务平台（Nebula 平台），构建多级 CALIS 数字图书馆云服务中心，将资源和服务整合，形成一个新型的服务体系，对各种服务进行动态管理和分配，满足不同层次和规模的数字图书馆的需求，支持馆际协作和服务获取，支持用户聚合和参与，支持资源的共建、共享，实现虚拟化服务，该平台共投资 2.1 亿元。

六、云计算为图书馆带来发展机遇

云计算必将改变数字图书馆的管理模式、服务模式和功能定位。

（一）"云存储"降低了数字图书馆的管理成本

云计算简化了信息技术架构的实施，即信息技术的应用可以像水、电、煤气等公众设施一样，随时定制、随时取用、按需付费。图书馆内大量的电子资源，不论是自建的，还是购买的，都可以存储在"云"上，而不再需要"镜像"在本地存储设备上。"云存储"化解了电子资源数据剧增与存储空间不足的矛盾，化解了知识信息剧增与图书馆馆藏能力有限的矛盾。"云存储"提高了电子资源的利用率。构建标准化、低成本的"云存储"，实现资源的共建、共享。

（二）加快资源整合进程

云计算最重要的思想是"整合"。云计算具备全部的硬件能力，还可以将其存储的数据进行整合和应用。在图书馆系统内，各种资源（如电子资源、馆藏书目数据、自建数据库等）可以被一个"云"整合在一起，信息高度融合，构筑"信息共享空间"，即"行业云"或"区域云"，使读者能够享受到更全面、更专业的云服务。

（三）促进"泛在图书馆"服务的实现

"泛在图书馆"作为图书馆未来的发展趋势，我们把它理解为一种不受时间和地点限制地获取信息资源服务的图书馆。"泛在"指出了未来图书馆服务的便捷性和广泛性，而云计算恰恰为这种新兴的图书馆形式奠定了技术基础。云计算整合的对象并不止于计算机，还整合了笔记本电脑、手机、平板电脑等所有移动终端，为之提供强大的无线网络功能。随着云技术的深入应用，随时随地获取信息资源将很快就能够实现。

七、"图书馆云"展望

（一）图书馆需要的"云"

"OCLC云"的到来，意味着图书馆云计算已经开始，但是，"OCLC云"只是一朵"私有云"，还不是人们所希望的那朵"公有云"。图书馆的IT架构和应用要完全进入"云服务"时代，还需要相当长的时间去发展和推进，而且需要IT部门、IT产业、图书馆以及热心用户等多股力量的智慧来协同完成。

未来图书馆云平台，就是要利用云技术，把数字化资源通过移动终端设备展现给任何地方的用户，实现海量的数字浏览、阅读、下载等服务，使用户能够在任意时间、任意地点、以任意终端实现以上需求。

图书馆既是云计算的使用者和受益者，也是云服务的开发者和提供者。前者是作为一个体验用户，后者是作为服务供应商。目前可以肯定，所有的"云"服务都可以在图书馆领域得到发展和应用。图书馆的具体"云"服务如下。

①软件服务：指各种软件应用，如图书馆自动化集成系统、办公自动化管理系统、数据库建设系统、网站管理系统等，都可以网络服务的形式提供给用户。

②存储服务：指各种数字资源，包括图书馆自建的数字资源，都可以放在"云"端上，不再需要做本地镜像。

③数据服务：中心图书馆作为"云"服务的供应商，提供本地数据或者其他业务的服务。

④平台服务：引入"云"基础设施，利用云计算解决方案，搭建"私有云"，满足本地或局部应用。

⑤网络整合服务：图书馆作为服务供应商，理应整合多家图书馆的云平台和资源，实现不同"云"之间的操作与共享，为用户提供更全面的服务。

（二）图书馆云未来

"云"的迅速发展，将带来图书馆的重大变革。未来大多数图书馆将无需配备庞大的机房设施，图书馆的所有业务、资源服务、资源建设等系统都可以通过"云"来实现。所以在未来，图书馆将不再需要配备各种复杂的系统，如自动化集成系统，只需让少数的、大型的、肩负重任的"中心图书馆"来提供这朵"云"的服务，大多数图书馆都将是这朵"云"的使用者。

未来，读者以个人身份信息登录"云"系统，就可以获得图书借阅、信息查询、参考咨询等服务。图书馆的所有资源都放在"云"上，图书馆利用"云"平台，进行数字资源的整合，包括馆际互借、资源共享等都通过"云"来实现，整个图书馆行业就是一片"云海"。

未来，图书馆工作人员只要一按计算机开关，计算机就能迅速进入到桌面。图书馆工作人员只需打开浏览器，在"图书馆云"的统一身份认证系统界面上输入用户名和口令，系统桌面就能保留个性化设置。只要进入"云"，工作人员之前所做的图书馆业务和工作就都将展现在桌面上。

在"云"中访问资源、请求服务，就像人们平常使用水、电、煤气等设施一样，随心所欲。让我们共同期待这朵"云"的到来。

第五节　公共图书馆数字阅读推广模式

随着移动互联网技术的普及，阅读载体、方式与途径发生了变化，人们的阅读习惯也由纸本阅读向数字阅读转变。研究表明，近年来国民数字化阅读率迅速提高，纸本阅读量呈下降趋势。由此可见，数字阅读正逐渐成为全民阅读的主流范式。如何提高数字阅读服务水平，探索适合用户阅读习惯的服务模式，成为信息机构研究的热点。公共图书馆作为全民阅读活动的主力军，作为公众获取知识的公益平台，在数字化阅读方面进行了大量尝试，从服务、内容、信息行为、绩效等多个层面，分析数字阅读服务模式的发展方向，旨在为用户提供更为人性化、便捷化的服务体验。

一、全民阅读时代图书馆数字阅读推广服务概述

（一）数字阅读是时代发展趋势

数字阅读与传统阅读的最大不同在于，它依附于手机等各种互联网设备，使阅读不受时空限制，随时随地都可以进行，方便、快捷，能大大提升阅读效率，节省了人们的学习时间。随着智能手机的不断发展，手机阅读成为大众阅读的主要方式，阅读不再局限于固定场所。数字阅读是顺应时代发展的必然选择，它不仅实现了无纸化，节省了生产成本，有利于环境保护，而且数字阅读环境下，只要知道书的名称就可以很快搜索到，大大提高了阅读效率。对于一些经典文物类书籍，数字阅读有利于保护原著的完整性。数字阅读成为与纸质阅读并驾齐驱的阅读方式，得益于数字化资源丰富的可选择性，便捷的操作性，高效的传播力，这也使得数字阅读拥有广阔的发展前景。由于数字阅读具有先天优势，为了适应新时代文化建设的需要，必须大力推广。

（二）数字阅读的特点

数字阅读即阅读载体、内容、方式的数字化，是信息技术催生的全新阅读方式。互联网时代信息载体的形态更加多样，无论是电子书、网页信息还是影像制品，都可以借助智能终端获取，方便了用户随时随地学习新知识。如今数字化的期刊、杂志、报纸已相当普遍，文献资源的数字化加工，方便用户在线浏览，进一步扩大了信息传播范围。数字阅读形式灵活，内容丰富，阅读场所不受限制，符合公众对信息需求的倾向。数字阅读促进了空间阅读的泛在化，使得阅读活动不受时空限制，一部小小的手机就可以承载海量内容。用户的选择更多，与他人的交流更加便捷，有助于分享知识，传播经验，扩大交际圈，加快知识的多向传递。

（三）数字阅读推广方式

数字阅读推广服务是图书馆或其他信息机构为培养用户阅读习惯，借助数字化服务技术激发用户阅读兴趣，促进全民阅读所从事的一系列工作。图书馆作为数字阅读推广主体，可以借助微博、微信等推广媒介，采用特定技术与设施，设计合理的阅读推广活动，从而对服务对象产生影响，并通过反馈不断调整以达到

最佳效果。数字化媒介的应用，为图书馆迎合用户阅读需求，紧跟时代发展步伐提供了渠道，能够采用丰富的方式达成服务目的。用户无须到馆借阅图书，而是利用智能终端随时接收信息，直接在线进行数字化阅读，信息传输高效，内容生动、简洁，契合现代人的学习习惯。目前微博、微信等社交网络平台是数字阅读推广的首选方式，不同媒介具备不同的功能，能够吸引特定的用户群体，节省图书馆服务成本，扩大阅读推广范围。

二、公共图书馆数字阅读推广服务模式的构建要素

公共图书馆数字阅读推广模式的构建，强调对各类信息媒介的充分利用，强调用户与馆员、用户与用户之间的交流互动，扩大阅读资源传播范围，激发更多人的阅读兴趣。图书馆在服务实践过程中，要关注数字资源、信息技术、推广对象等相关要素的相互关联，以优质的服务提高用户满意度。

（一）数字资源

数字阅读推广服务的核心，就是让用户随时随地享受优质资源。因此，公共图书馆不断完善、丰富数字化资源，是开展阅读推广的基础。公共图书馆是文献资源的加工中心，拥有多种类型的数据库，可以从多个渠道采集信息，保障稳定的资源供给。作为阅读推广服务主体，公共图书馆需要根据自身建设需求，积极与中外数字资源供应商合作，争取获得更多优质资源，保障用户在线获取信息的实时更新。如今超星图书馆、中国知网、方正数字图书馆等在线服务商，吸引了大批用户，成为人们获取专业文献的重要渠道。公共图书馆与这些在线机构合作，通过开放信息采集、文献采购、合作建库等方式，对数字化资源进行整合并投入流通，可以确保馆藏数字化资源的持续性增长。

（二）信息技术

公共图书馆数字阅读推广服务模式的构建，离不开先进技术的支撑，离不开优质的信息传输媒介。要想扩大数字阅读推广范围，促进数字化资源的跨界融合，吸引更多阅读推广客体，图书馆需要学习、引入新技术，选择合适的平台、媒介和工具，让阅读推广服务更加智能化，不仅能够引导全民阅读，也能够满足少数用户的高端阅读需求。例如，云计算、大数据等新兴技术，可以帮助公共图书馆转变服务理念，以智慧驱动提高数字化资源传播效率，提高阅读推广服务水平。而微博、豆瓣书评、微信等社交媒体的应用，以庞大的用户规模，不断延伸的社交网络，为公共图书馆提供了多样化推广渠道，有助于数字阅读推广服务的顺利实施。

（三）用户需求分析

公共图书馆用户作为数字阅读推广的客体，其数字阅读习惯、阅读需求、建议反馈等，不仅决定了数字阅读推广服务模式的构建方法，也影响着最终服务的成效。全民阅读背景下，公共图书馆数字阅读推广对象应该是全体国民，但由于数字阅读人群中年轻人居多，因此，图书馆员可以年轻群体作为调研对象，掌握他们对数字阅读的实际需求，以多种宣传推广手段，引导他们认识数字阅读的重要性，提高阅读积极性，增强用户黏度。充分利用社交网站、新媒体工具和强化体验式阅读服务，让更多用户参与其中，加强信息交互，促进数字化资源共享。公共图书馆也要根据推广客体的反馈建议，及时调整阅读推广服务模式，优化数字阅读推广内容，形成适应现代社会用户习惯的阅读环境。

三、基于社交网络的公共图书馆数字阅读推广服务模式演变

互联网时代大量社交网络的涌现，不仅促进了人与人之间的在线交互，也在不断改变着人们的信息行为，影响着人们的阅读习惯。公共图书馆要熟悉各类社交网络，并根据不同社交网络的特点与变化趋势，不断调整数字阅读推广服务模式。

（一）基于微博的数字阅读推广服务模式

微博的应用拉近了人与人之间的距离，让更多的人习惯于将自己的想法发布在网上，或者通过即时互动寻找具有共同爱好的伙伴。尤其是年轻群体，具有较强的适应能力，对新生事物具有好奇心，因此在微博上更为活跃。研究表明，大部分年轻人有刷微博的习惯，喜欢借助微博了解社会资讯、娱乐八卦等。公共图书馆开通官方微博，以全新的方式宣传推广阅读服务，让用户直接在线阅览信息，可以节约成本，借助微博平台提高其社会影响力。在发布数字阅读资源时，馆员应注重对内容的正确编辑，每一次推送都应该仔细斟酌，做到简洁、亲切、有吸引力。在微博内容编辑基础上设置相关链接，方便读者直接进入数字图书馆，达到在线引流的目的。

（二）基于微信的数字阅读推广服务模式

微信自推出以来，以其独有的社交功能吸引了大批用户，成为人们日常生活中必不可少的即时通讯工具。公共图书馆开通微信公众号，以有别于微博的方式开展数字阅读推广服务，不仅可以实现与用户的即时交互，也可以设置服务号和订阅号，针对不同的用户群体发送不同的内容，方便用户根据需要选择性获取，利用碎片化时间掌握更多知识。

四、公共图书馆数字阅读推广服务模式的创新发展方向

全民阅读背景下国民每天接触新媒体的时长不断提高，日均在线阅读时长也有不同程度增加，表明新兴媒介成为备受青睐的数字阅读载体，理应成为公共图书馆开发服务领域，创新数字阅读推广服务模式的有益途径。通过研究国内图书馆创新实践案例，可知公共图书馆可以搭建大数据阅读平台、提供数字阅读云服务、建设数字文化驿站等，让数字化阅读触手可及，为全民阅读事业发展提供动力。

（一）搭建大数据阅读平台

可以联合百度、腾讯等多家企业，并与清华大学、浙江大学等高校图书馆合作，寻找优质文献数据资源，搭建大数据阅读平台，涵盖大数据案例分析、数据可视化等专业信息资源，方便用户随时随地获取。从不同的专业领域采集信息，以大数据为核心汇聚资源，以帮助用户了解大数据的总体发展趋势，将所需资源应用于日常工作与学习中，对于企事业单位决策者也有一定的启发作用。经过长期的积淀与发展，以有价值的大数据媒体，在业内树立了良好的口碑，为公共图书馆数字阅读推广模式创新提供思路。公共图书馆也可以与数据供应商合作，联合多家机构搭建相关平台，借助大数据技术为用户提供优质服务。

（二）提供数字阅读云服务

公共图书馆利用云计算技术，开发移动终端云服务平台，以共享架构整合云服务、云系统和云应用等资源，为用户提供云计算环境下的高效服务，这是促进数字阅读推广服务升级的方向之一。云计算环境下，用户只需要利用智能终端设备，如移动电脑、智能手机等，就可以通过移动网络连接云服务平台，在发送请求后迅速获取所需资源，随时查询、下载、借阅馆内资源。公共图书馆对馆藏资源进行优化整合后，可以借助云服务平台展现给更多用户，提高数字化资源利用率。然而，数字阅读云服务模式的实现，需要一批具有较高素养的信息编辑馆员，负责对平台信息进行筛选与监控，及时采集、发布最新信息，促进用户与数字化资源的交互，为云服务平台提供可靠的人力支持。

（三）建立数字阅读文化驿站

公共图书馆要想推动全民阅读进程，可以在充分调研基础上，采集购置触摸屏电子设备，在本地区地理位置相对偏僻、人口较少的社区和村镇，建立数字阅读文化驿站，在一台服务器上集成数字资源、软件系统和安全网络设施，依托互联网实现基层服务点与公共图书馆的对接，让海量数字资源的覆盖范围不断扩大。

数字阅读是当前主流的阅读方式，拥有纸本阅读无可比拟的优势。随着新兴

媒体的涌现与发展，公共图书馆的数字阅读推广模式将随之变化，甚至出现超出我们想象的阅读推广方式。公共图书馆作为全民阅读的倡导者，应该学会把握时代发展脉搏，不断引入新技术，学习新方法，适应用户不断变化的数字阅读需求，在新环境中探索数字阅读推广新模式，使数字阅读推广服务得到不断优化升级。

第十章 公共图书馆发展趋势展望

第一节 公共图书馆未来工作和发展的方向

近年来，许多学校都制定了创建一流学校的目标。评估顶尖学校有许多硬件和软件标准。除了公认的教学人员、科学研究水平、教学质量和实验条件外，还应考虑一流的图书馆。工业经济时代以来，世界进入了知识经济时代。随着信息社会的到来，全球网络信息革命对校园产生了影响。学校图书馆的功能和地位与过去大不相同，其重要性和作用也发生了巨大变化。

过去，借阅书籍和杂志的方式无法满足师生的需求，由于信息的滞后，学校更难准确、及时地识别科技边界的趋势，并在教育和教学。电子、数字和其他多媒体版本的出现以及丰富的在线资源也削弱了传统服务。信息革命迫使学校图书馆依靠现代科学技术，充分利用网络技术的优势，改进其运作方式，扩大服务范围，改变图书和杂志收藏在文献信息分发中心的位置。从被动信用管理到主动回收、分类、回收、共享等任务。提高服务水平。服务功能包括远程电子服务中的本地面对面服务。信息资源从文本延伸到图像和图像，并以各种媒体格式印刷，以满足不同层次读者的需求。因此，由图书馆运营的大学网络建设已成为未来学校的重要信息基础设施，其应用范围和水平已成为衡量学校教学和科研整体实力的重要标志。

根据我国的现状和培训方法，我们需要从以下几个方面入手。

1.建立教师学术资源导航网络

毫无疑问，一流学校应该有优秀的教师。优秀教师必须跟上国内外教育教学的发展以及各种科学发展的步伐。尽管教师承担着教育和教学的艰巨任务，但在云的特定区域（如互联网）中查找信息往往需要大量的时间、精力和成本，这大大减少了教师对新信息资源的收集和使用。学校图书馆应该是校园信息中心。图书馆员应承担搜索、收集和审查网络学术资源的任务，在第二次深入学习后，以有序和规范的方式组织并推荐给教师。教师可以使用专门准备的网络索引程序进行浏览。为了提高校园网资源导航系统的效率，图书馆教师应时刻关注国内外教育教学的发展，加强对不同学科的深入了解。与一线教师保持密切联系，征求他们的意见，倾听他们的声音，随时调整工作条件以满足教师的需要。

2.根据教学的战略目标设计具体的发展计划

"科学研究"课程是高中教育的重要组成部分。作为一个独特的研究领域，"研究性科学"首次成为中国小学课程的组成部分，被认为是当前课程改革的高潮中国研究。图书馆教师应意识到这一最新发展，与学校教育和课程密切合作，开放多彩的支柱，提高教学的选择性、开放性和创造性。动态发展学生的个性，为学生提供充分的展示空间。加强学生的创新精神和实践技能。信息能力是学生学习能力的决定性因素。高中生提高阅读技能、获取信息、收集和处理更多信息、获取新知识、分析和解决问题就是去图书馆。如何更有效地利用图书馆，提高图书馆的利用率，提高他们的研究性学习能力，这是图书馆面前的一件大事。鉴于这个问题，根据我们的经验，我们相信可以通过以下方式解决。

（1）阅读说明和参考咨询

学生对计算机课程中教授的知识有很好的理解。然而，他们只学习计算机课程，不能利用熟练的计算机知识获取图书馆资料。因此，图书馆的教师有义务培养和保持学生的求知能力，处理和收集信息，并向学生提供报告和咨询，使学生能够有针对性地处理信息，成为他们的需求。

（2）扩展书目研究以确保公共文献的电子下载

长期以来，书目问题将是学校图书馆信息服务的重要组成部分，然而，数据采集将不再局限于标题和作者等简单属性，而应扩展到抽象甚至完整的文本。电话点不仅包括书籍和杂志，还包括各种电子出版物。因此，在学校之间建立图书馆网络，书目研究领域的扩展和向公众提供在线图书馆也是最大限度地提高学生获取信息的关键保证。

（3）充分利用光盘和电子数据库提供咨询服务

由于它的成本低、下载速度快、使用方便，是为学校图书馆服务的好方法。我们可以使用强大可靠的光学塔、图书馆和媒体技术来构建网络恢复系统和电子阅览室，提供在线服务并扩大共享。此外，还有许多在线数据库，包括几十个免费的中文数据库。图书馆可以充分利用这些数据库为主题文档提供主题设置和导航服务。学生可以根据自己的需要自主评估和选择。这将显著提高学生处理信息、获取新知识、分析和解决问题的能力。

（4）高校学术资源网络导航系统的建立

图书馆员可以使用互联网搜索引擎，专注于寻找特定行业的信息资源。在访问和评估这些资源网站后，他们可以选择具有学术（教育）价值的资源，接受学校专家团队的意见，并将其推荐给学生。尤其是人文知识，生命科学和生命科学可以发挥课外书的作用，有效地弥补学生在教学中的不足。这不仅可以拓宽学生的视野，还可以促进学生在这些学科研究的基础上进行有针对性和有效学习的能力。

（5）开放学术或教育论坛

在我们的图书馆网站上使用网络技术讨论流行的学术（或教育）主题。鼓励学生自由参与在线阅读休息室，谈论他们的阅读体验，在课堂上表达自己的观点，展示阅读指导的效果，从而激发学生的创新精神，发展他们的实践技能。

（6）读者评论与热点话题研究

在校园网络上打开读者的评论和研究点，在需要的时候，你会了解学生的知识需求、思维趋势、、吸收信息的能力、创新意识和集中力。图书馆教师可以及时将这些信息返回给学校相关部门和教师，做出适当的调整，并在适当的时间为学生提供指导和帮助。这不仅促进了学习过程的积极参与，而且增加了对所学知识的理解。

3.打开常见问题专栏，为用户提供咨询服务

通过向用户提供数字信息，图书馆页面总是接受用户的问题，就像用户在家里使用图书馆时总是提出问题一样。为了满足这一要求，图书馆的网站必须创建一个先进的问答系统，它可以自动回答读者的问题或将其转发给教师组织的专家组。基于此，读者还可以向图书馆推荐新书和好书，这促进了图书馆和读者之间的交流。残疾读者还可以通过电子邮件回答问题、交换信息和发送文件。

4.创建图书指南系统并收集在线书评

图书馆员可以随时访问阅读网站，下载评论文章并将其按类别添加到图书馆创建的海上阅读指导系统的数据库中，使读者能够阅读并满足教师和学生的特殊需求。这些数据库包括报纸数据库、博士数据库（课程）、图像数据库、信息数据库等。

5.利用视听信息数据库丰富师生的课外生活

图书馆可以开发一个系统，用于通过视听数据库管理音乐。读者可以使用任何单词来询问姓名、文本、作曲家（或演员、导演）、内容元素和其他歌曲（或电影）搜索点。您可以轻松选择和比较最适合您需要的音频和视频媒体。在欣赏精彩片段的同时，读者也可以在网上发表评论或咨询他人的评论。该系统不仅可以满足读者从听觉和视觉接收完整同情信息的要求，而且还可以用图像、文本和声

音再现视听出版物的风格，显著丰富了师生的课外生活。

总之，图书馆应该是学校文献和信息的中心，是教学和研究的学术机构，她的工作是学校教学和研究工作的重要组成部分。在信息革命的21世纪，学校图书馆应抓住机遇，把握发展方向，充分利用新技术，为教师和学生提供有效和高质量的服务，为创建一流中学和培养一流国家人才作出适当贡献。

第二节　加强公共图书馆建设与管理

一、图书馆，学生素质发展的摇篮

书籍是人类智慧的源泉。要实现高质量教育，高质量的图书馆是一所学校的必要前提之一。衡量一名校长是否具有前瞻性办学理念和办学水平的重要尺度。也是全面提高学生素质、培养学生创新精神和实践能力的重要场所，实现学生的主观发展。

二、创造性发挥图书馆的育人功能

（一）以人文精神浓郁读书氛围

图书室的布置，以人文精神浓郁读书氛围，潜移默化。阅读桌上的著名海报鼓励学生树立正确的人生观和价值观。为了发挥环境教育潜移默化的作用，学校利用灯光和音乐等现代技术，在图书阅览室进一步创造最佳阅读场景。阅览室配有"涂鸦版"，这样学生可以在读完书后保存自己最想要的声音，并与其他学生交流。

（二）以读写结合促师生双向提高

为立体开发素质发展空间，学校利用墙壁设置"园丁圃""俊采星驰""读书诗词絮语"等栏目，开展教师、学生"读好书、抒感悟"读写竞赛活动，成为教师学生素质主动发展、树立成功的信心的竞技台，又是展示教师学生读书求知若渴风采依依的光荣榜，让墙壁闪动会说话的眼睛，为读书活动点缀了一道亮丽的风景。

（三）在读书、活动中实践、创新

为培养学生实践能力及创新精神，学校将读书与活动开展结合起来，相辅相成，立足课堂教学主渠道，以读书为中心，向课外拓展学生素质发展空间，环行辐射各种活动开展：手抄报、诗歌朗诵会、讲演、征文、广播……掀起"读书活动周"热潮，涌现出一大批读书、活动小标兵，获益甚多。21世纪的素质教育是实施主体性发展的教育。图书馆资源，为放飞学生潜能，撑起一片蔚蓝的天。

三、利用图书馆资源培养学生创新能力

创新是一个国家进步的灵魂，也是一个国家不断发展的动力。我国需要发展，重要的是，具有创新能力的人才不断创新。高等职业教育强调理论与实践的紧密联系，这是创新教育体系的重要组成部分。职业学校图书馆具有文献资源丰富、知识门类齐全、环境优雅舒适等特点，对提高学生的创新能力具有重要作用。要充分发挥图书资源在思想教育、知识转移和创新能力培养方面的作用。

（1）充分利用图书馆信息资源培养学生创新能力

创新基于现有知识的发展和进步。只有适当的测试和吸收以前的研究成果和想法可以带来进步和创新。职业学校是培养技术工人的摇篮。技术工人是将智力成果转化为实际生产力的主要工具，也是技术创新的直接推动者。培养创新能力是加快我国现代化建设的根本前提。图书馆在任何时间和世界各地都有不同版本和语言的文件，涵盖了许多非排他性的学科和领域，学生可以无休止地使用它们。我们可以帮助他们获得所需知识，阅读、分析和评估，向他人学习，在课堂上消化、巩固和扩展知识的基础上，创造自己独特的观点，培养思维能力。

（2）充分利用图书馆舒适的学习环境培养创新型学生

图书馆拥有大量的图书资源，不仅可以为学生提供丰富的知识，还可以为独立学习提供舒适的环境，独立思考和独立研究。图书馆优秀的学习风格和平静而浓厚的学习氛围使学生能够专注于努力学习。图书馆竞争的潜在意识是驱动力。那些忘记吃饭和睡觉的人继续鼓励和训练学生提高他们的坚强耐力。因此，我们应该充分利用这种环境优势，为学生提供一个体验和创新的舞台。

（3）充分发挥图书馆员的领导作用，培养学生的创新能力

图书馆员是人类知识和信息的中介。他们应该具有稳定的专业背景、广泛的知识和素质。他们应该用模范的言行为学生创造一个健康而雄心勃勃的学习氛围。同时，他们应充分发挥专业领导作用。全球经济的发展加速了知识的更新。计算机和网络信息迅速渗透到人们的生活中。图书馆收到了大量的政策文件、视听文件和机器可读文件，图书馆藏书也逐渐电子化。引入电子文档、学习网络知识和现代信息检索技能已成为职业教育创新的要求。学生能否满足他们的需求取决于他们所能提供的知识的数量和质量。目前，图书馆员服务提供的趋势已经从传统的相关服务提供转变为深度文档处理、顺利实施、主观和监测服务、寻求科技创新、二级和高级文件处理服务和其他部门。转馆员应帮助学生全面学习知识，拓宽思维，激活思维，发展个性，根据学生的个性和学习特点，拓宽他们的视野，提高他们的智力创新水平，促进创新思想的发展。

　　丰富的图书馆资源为学生的教育和培训提供了物质基础。尽管其教学职能的履行方式取决于职业学校教育目标的实现。在提高学生创新能力方面，学校应充分利用图书资源的巨大作用，发挥其教育作用。

四、挖掘图书馆资源，创造研究性学习条件

　　如何充分利用图书馆资源，更好地为广大师生服务，以新思想、新观念和新方法改进和发展学校图书馆的工作，加强学校图书馆资源的开发和利用，创造空间，满足学生对研究性学习的渴望和需求，使图书馆真正成为研究性学习平台。

（一）学校图书馆资源的开发与利用具有重要的现实意义

　　自我发展的需要要求开发和利用图书馆资源。作为学校的三大支柱之一，图书馆与教育和教学紧密相连，尤其是在科学研究领域。如果在新形势和新要求下，不断壮大的学校图书馆继续遵循传统的服务理念、服务类型和服务手段，不会满足社会和教育的需要，也无法跟上时代的步伐。因此，学校图书馆应加强学校图书馆资源的开发利用，以一流的收藏和一流的服务促进自身发展，永远立于不败之地。

　　开发利用学校图书馆资源，完善服务体系。社会经济的发展，科学技术的快速发展，特别是以计算机为代表的信息技术的快速增长，为学校图书馆带来了一场深刻的革命：图书馆管理和服务的自动化和网络化、信息资源的自动化和数字化、商业活动的合作和专业化，以及教育图书馆文化的出版和社会化。图书馆的活动是由内而外的，其资源无法满足读者的需求，它有一个从混乱到课堂、从人到接触的过程。

（二）学校图书馆资源开发利用的策略与途径

　　在教育的基础上，我们需要改进图书馆的旧工作方法，并利用开展研究活动的机会，使工作达到一个新的水平。几年前，很大一部分是学校图书馆的被动服务。教育教学参与度不高，服务对现状满意。它不能充分利用现有图书馆的潜力，以其自身的优势和能力满足读者的需求。科学与高质量的图书馆服务密不可分。高质量的研究性学习成果使学校图书馆进入良性发展循环，图书馆服务受到进一步关注。一方面，图书馆应积极参与科研活动，充分了解教师和学生的研究课题，并提供必要的建议和建议。另一方面，我们应该依靠对图书馆资源的了解，从被动变为主动，为研究项目的教师和学生提供有针对性的咨询信息服务和必要的监测服务。设立研究课程只是学校图书馆参与教育教学并继续发挥作用的平台。这就是为什么我们必须抓住这个好机会。

（三）注重根据征集和需求优化征集结构

研究性学习是一种基于问题的学习，它允许学生通过积极的研究来收集、分析和评估大量信息，发现和经验，以促进他们的思维和创造力，并对馆藏系统和图书馆结构提出相关要求。过去，学校图书馆的集体工作主要集中在考试教育上，包括考试资源和文献评价资源。教育和学校教学的需要是图书馆工作的基石和服务的来源。为了更好地满足教师和学生对研究性学习和阅读的需求，我们必须不断调整和优化收集系统和结构，从研究性学习开始，获取适当的材料，尽量做到合理、实用、有效。应提供足够的图书馆服务，以确保科学研究的信息资源充足。

（四）以实际效果为出发点，尝试部署和使用图书馆资源，将被动服务变为主动服务

图书馆储存书籍以供使用。为了更好地为教育教学服务，满足师生的需求，图书馆需要了解教育的大方向。购买的书籍必须最大限度地满足研究性学习的需要，提供科学、快速、周到的服务，提高图书的利用率，为老师和学生、老师和学生着想，让每一位读者都能发挥积极性，满足并专注于他的主动性。促进、研究和创新个人责任精神，如上门服务、后续研究、书展、专题讲座和研讨会。

（五）加强图书馆管理人员的素质

知识是图书馆最重要的资源，是管理它的人。随着我国教育体制改革的顺利推进和计算机等现代先进技术的广泛应用，从学校图书馆收集的文献范围越来越广，服务设施也越来越广。为了充分满足教师和学生对教学、研究和课外知识日益增长的需求，学校图书馆必须打造一支高素质的信息人才队伍，能够快速更新思想，掌握有关图书馆和信息以及现代科学技术的专业知识。只有不断加强对图书馆员的培训，改进图书馆员的结构，才能满足未来图书馆发展的需要。

总之，与传统的接受性学习相比，研究性学习是一种新的学习方式。这不仅需要教师的科学领导，也需要图书馆员为学生创造一个知识世界，为学生提供一个自我教育、自我学习和自我发展的平台。

第三节　公共图书馆人才队伍的建设与发展

随着计算机和现代通信技术的日益普及，互联网进一步全球化，为人们开辟了一个新的信息空间。可以说，如果一个图书馆组织想要在21世纪的社会中发展，它必须加快自动化和网络的发展，实施多元化、深度的在线信息服务：①充分发挥其丰富的收藏和专业优势；加快图书馆信息资源电子化进程，发展特色数据库。②积极开发利用互联网上丰富的信息资源。根据用户的需要，它组织和系统地输出和处理互联网特定领域的信息资源，以确保用户的有效使用。③积极承担信息导航员的角色；网络信息检索技能，帮助读者快速在网上找到他们需要的信息。所有这一切不仅需要中国传统知识，还需要使用计算机、多媒体技术和其他现代技术的能力。

一、不稳定的人才队伍阻碍了图书馆事业的发展

21世纪是人才的时代。一支稳定、高素质的专业团队将在我国图书馆的未来发展中发挥关键作用。然而，图书馆行业的大量专业人员长期缺乏对自己工作的热情。频繁的工作变动或调动以及其他产出严重影响了图书馆工作的稳定发展。造成这种现象的主要原因如下：①读者服务模式颠倒，人力资源无法深度开发。②治理机制不完善。人才的健康发展受到压缩、大米消费、职业资格评估和安置以及官方评估和任命的阻碍。③不健康社会习惯的影响，导致一些图书馆员对服务理念漠不关心，缺乏专业精神。因此，为了留住人才，我们需要改革现有的情况，创造一个专业人士可以展示其才能的环境。

二、人才队伍结构不合理，高素质专业人才缺失

图书馆专业技术职称与非技术职称最合适的比例是2∶3。图书馆部门的高级职称很少，中级职称也不多，而主要职称代表了绝大多数。统计研究表明，大多数图书馆的专业和特殊职称比例为8∶25∶67。

三、聚焦人才发展，制订人才发展规划

1.深入开展思想培训，提升服务理念

作为创造人类知识文化的文化原因，图书馆承担着保护文化遗产的责任，实施社会教育和传播科学信息。只有具有强烈职业道德的图书馆员在这个国家扎根，他们才能有足够的人力从根本上改变图书馆的现状，促进发展和图书馆的福祉。因此，图书馆管理人员应及时开展思想政治工作和职业道德培训。图书馆员需要充分认识到图书馆工作的重要性，树立高度的职业荣誉感，自觉抵制社会上的各种不良风气，强化服务理念，通过定期的研讨会，致力于图书馆的宗旨，促进专业化和其他形式。同时，通过对形势的分析，我们应该认识到当前中国图书馆业正在衰退，但这是暂时的。随着信息时代的到来，这将是一个发展图书馆任务、促进图书馆信息资源开发利用的巨大机遇。图书馆决策者不仅应该继续在古典文学领域做好工作，而且充分利用符合市场需求的现代先进技术，开辟新的服务部门，为有偿服务创造条件，满足社会的信息需求。这不仅可以对社会负责，获得公众认可，提高图书馆的社会地位，还可以缓解资源的匮乏，改善工作环境，改

善图书馆员的待遇。

2.创建和改进治理，创造人才友好的工作环境

（1）树立以人为中心的治理理念，加强科学民主治理

在各类图书馆中，人是最基本、最活跃、最关键的因素，人力资源是图书馆最重要的资源。现代图书馆员有强烈的职业良心，希望改变自己的职业。他们不是盲目听话，他们不容易上当受骗，有独立的见解。领导者应该采取相应的行动，积极为自己的成功创造条件。通过动员员工参与图书馆管理，你可以协调员工关系，培养员工的归属感和集体团结。在我们的工作中，我们必须有效地利用所有人的优势，充分挖掘人们的潜力，充分发挥我们的才能，适应我们的职位，让每个人都能找到适合自己兴趣的职位，培养他们的工作兴趣，不断提高自己的专业技能和适应能力，真正发挥人的主观能动性。

（2）建立科学的治理机制

人力资源开发取决于管理机制是否科学和实质。每个图书馆都应该有竞争机制、激励机制等。根据他们的实际情况介绍他们，制定合理的规章制度，实行竞争上岗，择优录取。人才必须部署到各地。应根据不同的标准选拔人才，并根据其表现进行晋升。有表现和贡献的人将得到奖励，无能的人将受到惩罚。它还应得到严格的限制和监督机制的支持，制定标准化的工作程序和评估方法，并减少人为因素的影响，如某些图书馆实施的"排名系统"，这主要是基于工人的实际工作能力和生产力来建立一种工作方式，以提高工人的实际生产力和就业能力工人。

（3）创造终身学习机会，提高图书馆员的专业素质

救援培训是提高救援人员整体素质的有效途径。在信息时代，知识更新非常快，新的理论、想法和技术层出不穷。然而，每个人在学校接受教育和学习有限知识的时间有限。图书馆员只有不断学习和终身学习才能跟上时代。每个图书馆必须根据自己的情况，以不同的方式培训技术知识和技能。

①高校学习。

这是一种系统而正式的教育形式，也是我国图书馆终身学习的重要组成部分。每个图书馆都应重点挑选热爱在图书馆工作并具有较强专业技能的图书馆员，以进入高校继续深造学习通过系统的学习和技能培训，我们将为图书馆培养新的领导者。

②短期培训。

这是一种"简短而简单"的方法，主要是新技术、新理论和新方法。由于图书馆自动化进程的加快，各种现代化手段不断应用于图书馆的工作，这要求图书馆员从一种技能发展到多种技能。图书馆可以通过提供各种短期培训、研讨会和资格证书来改善图书馆员的知识结构和综合技能。

③鼓励自学。

生活中所需的大部分知识都是我们自己在实践中学习和积累的。图书馆应根据自身的客观工作条件和需要，利用有关部门制定的专业终身学习指南，组织和指导图书馆员，丰富知识，提高技能，提高自身素质。

④确保多种的学术机会。

从报告、专题讲座、经验交流等学术活动中。听取专家和科学家的意见，支持图书馆员参与国内外图书和信息的学术交流，组织各级图书馆员开展专业访问和研究活动，拓宽他们的视野，了解学科发展的脉搏。

参考文献

［1］陈宗雁.新媒体环境下公共图书馆阅读推广活动的研究［M］.北京：中国商务出版社，2019.

［2］刘显世.山东省公共图书馆全民阅读服务大数据2019-2020［M］.济南：山东人民出版社，2021.

［3］吴小冰.智慧图书馆视角下的阅读推广研究［M］.郑州：郑州大学出版社，2021.

［4］宋文秀.公共图书馆资源建设与服务创新研究［M］.成都：成都时代出版社，2021.

［5］郭晓红.馆管理与服务创新研究［M］.长春：吉林科学技术出版社，2021.

［6］陶洁.图书馆阅读推广与信息服务研究［M］.哈尔滨：哈尔滨出版社，2020.

［7］穆桂苹，王鸿博，崔佳音.图书馆管理与阅读服务研究［M］.沈阳：辽海出版社，2020.

［8］田倩.图书馆管理与阅读推广服务［M］.沈阳：辽海出版社，2020.

［9］田长斌.现代图书馆移动阅读服务研究［M］.北京：现代出版社，2019.

［10］肖三霞.图书馆全民阅读推广与服务模式构建研究［M］.长春：吉林出版集团有限责任公司，2019.

［11］李科萱.图书馆管理与信息服务［M］.北京：光明日报出版社，2019.

［12］周红雁.文旅融合环境下的公共图书馆转型研究［M］.合肥：安徽大学出版社，2021.